七田式

右脳読書があなたの能力を
劇的に目覚めさせる!

HOW TO MASTER
SUPER
READING

成功脳をつくるスーパーリーディング

SHICHIDA MAKOTO
七田 眞●著

総合法令

まえがき

この本は右脳読書の方法を説いている本です。

読書には左脳読書と右脳読書があるのです。左脳読書のやり方では、人間の脳に秘められた深い脳力を引き出すことができません。

右脳読書ならそれができます。

読書とは一般に左脳でするものと考えられています。なぜなら、一般に左脳は論理、言語の脳、右脳は感性、創造の脳と考えられていて、活字は言語脳の左脳にかかわるものと考えられているからです。

普通に読書をしていると、それはやはり左脳中心の読書となっています。

でも、やり方さえ知れば右脳読書になり、右脳読書をすると、途方もない能力を引き出すこともできるのです。

読書＝左脳というイメージがあり、情報を得るためというイメージが強いのですが、この本では読書は単なる情報獲得のためだけのものではなく、読書の仕方によっては右脳の読書になり、読書によって能力を変え、自分の運勢まで変え、大きく人生に成功する道まであることを説きました。

天才たちは右脳を優位に使います。凡人である私たちは普通、左脳を優位に使っています。でも、私たちでも右脳の使い方を学べば、天才と同じように右脳が使えるのです。

それを読書によって、読書の仕方によって、左脳優位から右脳優位へ頭の使い方を変えていこうというのが、この本の趣旨です。

昨今は右脳に関する本が、次々に出されるご時勢になりました。それは天才が使っており、普通の人が使っていない右脳を開発することが、人間の脳力をワンランクアップし、全く違った次元の高い文化に移行する進化の時代が来ていると、誰もが自覚するようになってきているからです。

右脳を開くことは、人類にとっての二十一世紀の命題なのです。

ただし、右脳だけが大切なのではありません。右脳、左脳を統合させて使えるようになるのが、人類の進化と見なされているのです。
そのことをおさえながら、右脳の開発を目指しましょう。
この本は七田眞の実践読書術を語ったものです。実践に基づいて書いていています。
若い人たちが読んでくださって大いに参考になると信じています。

平成一八年八月

七田　眞

目次

第一章　読書が私を育てた

第二章　私の文章修行

第三章　多読・速読の技法のはじまり

第四章　読書はなぜ大切か

第五章　読書によって右脳を開く実践編

第六章　アウトプットの方法

第七章　右脳読書法（スーパーリーディング）実践講座

終　章

あとがき

七田眞の「心の泉集」

装　丁　竹内雄二
本文イラスト　八木美枝
訓練カード作成（ＳＨＤ）
訓練カード⑨～⑭文章出典
『天国への橋』ハイブロー武蔵・著（総合法令出版）

序章　左脳で本を読むのはやめよう

一般に人は左脳で本を読む

一般に人は左脳を主に使っており、右脳を使っていません。

一方天才と呼ばれる人たちがいて、この人たちは右脳、左脳、両脳を使っています。読書法を工夫することによって右脳が使えるようにしましょう。

ところで左脳と右脳は思考方法《モード》がどう違うのでしょう。

左脳は言語的・分析的に働く思考回路で、右脳は視覚的・直感的に働く思考回路をしているといわれ、根本的に働きが違います。

左脳は低速リズムで働き、右脳は高速リズムで視覚モードが働きます。

右脳を使うにはできるだけ速く本を読むことを覚えればよいのです。

速いスピードで読むようになるほど、頭の働きは左脳から右脳へ移っていきます。

二〇〇四年九月二〇日付の日本経済新聞は、情報通信研究機構の関西先端研究センターの発表として、速読をしている時の脳の血流量を調べた結果、速読をしている時は、言語を理解したり、話したりする処理を担う部分の血流量が少なく、その部位の活動が少なく、その部位の活動が縮小しているという研究の結果を伝えています。

頭が高速で活動する時は言語回路ではなく、別の回路を使っているのです。

高速で頭を働かすようになると、人の脳は言語モードの左脳から視覚モードの右脳へ切り替わるのです。これはそろばんを学習する時もそうです。

そろばんの初心者がそろばんを使って計算をしている時の脳波を機械で調べると、左脳を使っていることがわかります。

ところが、五段以上の高段者たちの脳波を計ってみると、右脳を使っていることが判明したのです。

これはつまり、脳は高速で働く時、右脳を使うようになるということです。

となると、**右脳が使えるようになるには、それも本読みで右脳を開くには、高速読みの訓練をすればよいということになります。**

つまり、速読を覚えればよいということになるのです。

活字は実は右脳に効き目がある

日本語はひらがなと漢字によって書かれます。これはアルファベットによって書かれる英語とは大きな違いがあります。

「犬」という活字が犬のイメージを与えるのです。「蝶」という活字が、たちまちきれいな羽根をヒラヒラ動かして飛ぶ蝶をイメージさせます。

活字にはイメージを呼び起こす力があるのです。そういうわけで、高速で速読トレーニングをしていると、イメージ力まで開いてしまいます。

速読の、一行をまとめてイメージ読みをする訓練を容易にするのも漢字のお陰です。

仮に次の一行をパッと一目で読んでみましょう。

・むかし、あるところに、としをとって、びんぼうなひとりぐらしのおばあさんがいました。

・昔、ある所に、年を取って、貧乏な一人暮らしのおばあさんがいました。

一目で読み取るにはどちらが楽でしたか。漢字まじりの文の方が、ひとまとめでイメージとして入りやすいと思います。

速読には、このイメージによるまとめ読みの訓練が大切です。まとめ読みの訓練を続けていると、実は右脳を開くのにとてもも効き目があるのです。一目でぱっと視覚的に取り入れる訓練になるからです。

そういうわけで、読書によって右脳が開けていくのです。

それだけではありません。読書には右脳を開くいろいろな仕掛けが組み込まれているのです。

活字嫌いを克服できるか

本は、ゆっくり読んだ方が読むのが楽、理解も楽と思えるでしょう。

実は、そうではなく、速く読む方が楽、理解も楽なのです。ゆっくり読むと左脳を使ってしまいます。左脳はストレス脳なので、こちらの脳を使っての読書法は脳を疲れさせるのです。

普通、人は本を読もうとして、本を開いて読み始めると、たちまち眠くなり、頭が使えなくなる体験をします。

そのため、本を読むのがおっくうになり、嫌いになるのです。

そうして、活字には眠気を誘う力があり、本を読むことは自分にとっては睡眠薬代わりだといったりします。

これは左脳で本を読む習慣に陥っているからです。

これが右脳読みに変わると事情は一変します。本読みが楽しくなり、頭が生き生きとしてくるのです。

一冊を軽く三〇～四〇分で読み上げてしまいます。それがわかると活字嫌いが克服できます。

速読をすれば本読みが楽になるのです。

左脳はストレス脳、右脳はリラックス脳なのです。

脳をリラックスさせて、イメージを使って読む方法を覚えれば、本読みも楽になり、活字嫌いも克服できるでしょう。


読書によって右脳が生き生きしてくるのです。

頭脳が生き生きしてくれば、毎日が楽しく、ワクワクしてきます。

一日、一日が右脳の生活に変わるのです。

すると頭の回転が速くなり、ひらめく頭になり、感性が豊か、創造性が豊かという脳に変わってしまうので、それに伴って人生が変わり、運まで変わってくることになるのです。

本は情報を得るためだけでなく、脳のイメージ力を育てるもの

左脳は言語脳（言語モードの脳）、右脳はイメージ脳（視覚モードの脳）と区別されま

す。

本は活字で書かれた言語ですから、当然本読みをする時は左脳を使うものとこれまで思われてきました。

つまり、本読みと右脳は関係が薄いと思われてきたのです。ところが、活字もイメージと関係があり、速読をすると右脳が開けるとわかってくると、話が違ってきます。

本は活字を通して情報を与えてくれるだけの働きをしているのではなく、イメージ力を開き、右脳を育ててくれる力があるのです。

でしたら、同じ読書をするのなら、右脳を開いてくれるドキドキワクワクの右脳速読をしようではありませんか。

視覚モードの働く右脳で本を読む右脳読書法を覚えると、本読みが速くなります。

本読みが速くなるということは、実は頭の回転が速くなるということなのです。

頭の回転が速くなると、全体の見通しが楽になります。イメージする力が開いて、全体がイメージとして見通せる頭に変わるのです。

しかも、ひらめく頭に変わり、創造性が豊かになります。理解力、記憶力まで変わってきます。このことは、子どもたちに速読を指導してきた体験から、間違いなくそうだといういことがいえます。

これまで学習能力が低く、本読みが嫌いだった子どもが速読の訓練をすると、集中力が良くなり、記憶力が良くなり、そして学校の成績が急に良くなったという事例がごく当たり前のように普遍的に起こってくるのです。

速読の能力を育てると、見ること記憶することと理解することが同時に行われ、言語的、理論的に考える段階が省略され超高速学習が可能になります。

そしてさらに先に進むと、予知能力までついてしまいます。

右脳脳力を開くと、先のことがイメージとして見えてくるので、先見性、洞察力が抜群になります。

左脳読みと右脳読みの違い

左脳の読書と右脳の読書の違いをもう少しよく理解しましょう。

左脳は「言語モードの脳」といわれます。左脳が情報を言語で処理するということは、脳に入ってきた情報を言葉に置き換えて処理するということです。

言葉による情報処理方式は、「直列処理方式」です。

情報を点から点へと順番に処理していく方式ですから、ポイントが一〇あれば、一〇全部を通過しなければならないのです。

このように、左脳の情報処理は、少量ずつ理解し、情報を積み上げていく方式ですから、処理に非常に時間がかかり反応が鈍くなります。

一方、右脳は入手した情報をイメージで処理します。

イメージというのは、「図形」、「絵」のことです。情報を写真でカシャッと写したように取り入れますので、処理はアッという間に終わります。

だからたくさんの情報でも一度に処理することができるのです。

右脳の情報処理は「並列処理方式」なので、情報源から一度にたくさんの情報を受け取り、それを記憶の倉庫に保管します。

そして記憶の倉庫から、保管された情報を取り出すのも一瞬です。

次に、右脳と左脳では記憶の保管容量の大きさがまったく違います。

左脳の記憶倉庫がプレハブ小屋とすれば、右脳の方は東京ドームといったところです。

こうして記憶できる量に決定的な差があるため、左脳では新しい情報を入れるために、仕方なく古い記憶を捨てなければならず、左脳の記憶はすぐ忘れる記憶となります。

これに対して右脳の方は、一度記憶したら永久に保存され、取り出せる記憶です。

左脳は、知識・判断力・思考力などをコントロールしています。

したがって、「知性の脳」といわれ、通常の意識にかかわっています。

右脳はイメージ脳なので、造形能力に秀れ、絶対音感を持つ「芸術の脳」で、五感が鋭く、無意識に深くかかわっています。

また、人間の第六感やサイキック能力、いわゆる「超能力」といわれている分野にかかわっています。

以上をまとめると、左脳は言葉で記憶し、低速で情報を処理する脳となります。

一方、右脳はイメージで記憶し、大量の情報を高速で処理する脳といえるのです。

本をよく読む子は右脳が開く

普通に本を読んでいる子どもと、よく読む子どもでは脳の働きが違っています。月に一冊くらいの読み方では左脳を使っています。

ところが、一日に一〇冊も本を読むには、左脳読みをしているのではなく、右脳読みをしているのです。

本をあまり読まない子どもでも、速読のトレーニングをしてあげると、たちまち右脳が開け、読書が楽になります。

それに伴ってすべての学科の習得が楽になってくるのです。

実例で見てみましょう。

荒尾教室、T先生からのレポート。

「小学二年生の男の子で、世間でいわれる落ちこぼれの子です。速読訓練を始めると、三か月で三学期の成績がクラスの中位まで上がりました。大変うれしくご報告します。トレーニングの仕方は、頭の働きを左脳から右脳に移すために最初に瞑想、深呼吸を始めてからイメージトレーニングをします。

映像や数字、活字を一目で読み取る訓練から始めて、一分間書き出し訓練までいきました。

四〇〇字くらいの文章を読ませ、その中の言葉を書き出させました。これだけの訓練で、これまで落ち着きがなく集中力に欠けていた子が、ビックリするくらい成績が向上したのです。

やはり、ご指導いただいた通り、瞑想、呼吸、暗示、イメージトレーニングが大切でした」

もう一つの小学校五年生の男の子の例です。

「学校ではまあまあの成績でした。

速読訓練を始め、右脳が開けると、一か月経ったくらいから成績が良くなり、テストで初めて一〇〇点をとりました。以来よく一〇〇点をとってきます。

速読の訓練をすると、右脳が開けるのがよくわかりました。

本を速く読むようになると右脳が開けるのです。

右脳で本を読む子は頭の質が他の子どもたちとはまるで変わってしまいます」

愛知県　I・Oくんのお母さんからのお便り。

「読書はどんどんのめり込み、二年生から図書館でも借りられるようになったのでとても喜んでいます。学校の朝の読書タイム（二〇分）でも毎日一〇冊は読むそうです。私が読んで二時間くらいかかった高学年用の本も学校で借りた日に学校の休み時間だけで読んでしまったとか……。

大変読むのが速く、先生にも『新幹線みたいだね』と驚かれたということです。計算ももちろんクラスで一番速いということです。一問一秒以下のスピードです。やはり七田の効果は年齢が上がるごとにすごいものとなっていきます。これから先が楽しみです」

速読ができるようになるということは、単に本が速く読めるようになるだけでなく、右脳のいろいろな機能が皆、付随して開けるようになります。

第一章　読書が私を育てた

私の書店遍歴

三十代、四十代の頃、私は島根県の小さな町、江津町に住んでいて、そこには「佐々木文栄堂」という小さな書店が駅前にあり、毎日そこに通うのが私の日課でした。書店はその他に「千代延書店」というのが少し離れた本町という所にあり、そこには月に一〜二度通うだけでした。

書店といっても、私の住む町にはその二店しかなく、ここに入ってくる本しか私の目には触れることはありませんでした。

でも、当時の江津町には図書館もなく、私にとってはその二つの書店こそが世界に通じる窓だったのです。

その頃は江津町から一歩も外に出ることがなく、私の書店遍歴はその二店に限られました。

当然私の書店を通して入手できる本の数はひどく限られていました。

時折、購読している新聞の第一面に、新刊書の案内広告が載り、その中から心を惹かれた題名の本を書店に注文してとりよせてもらうこともありました。

それでも数が限られており、その頃の読書量は、今のように一月四〇〜五〇冊といったことはなく、せいぜい一〇〜二〇冊程度だったと思います。

それにしても**私の家で増えていく私の財産は書物ばっかりだった**といえます。

もともとが身の回りの物を買って、品物を増やすという思いがなかったので、増えていくのは本ばかりでした。

限られた供給源から必要な本を入手する方法を他に持ちませんでした。

だから私の心の資源を増やす能力は、入手した本の内容次第になるので、勢い精選せざるを得なかったといえます。

今は違います。今は地元江津にいることは少なく、月の大半は全国に講演に歩いているので、行った先々で、目についた書店に必ず入るようにしています。

一〇分でも、二〇分でもあれば、すぐ書店に入る習慣なのです。

書店で偶然出会った本が宝になる

だから目的を持って書店に向かうということはほとんどありません。暇を見つけては書店に向かい、そうして心惹かれた本に偶然出会うということの方が多いのです。

地方の書店に入ると、その書店でしか手に入れることができないという本によく出会います。

それは新刊書ではなく、売れ残っていたりする本であったり、本の配給元が違うのでしょう。

その書店でしか目につくことはないという書に出会ったりするのです。

そんな本を見つけることが出来た時が、何ともいえない醍醐味が味わえる瞬間です。

もっとも、そのように無目的でふらっと、とある書店に入り、並べられた本に目を走らせながら、探す本の種類は決まっています。

昔は文学、美術、哲学、心理学、医学、教育、英語等の本が主でしたが、今はそれらに加えて歴史、経済、政治、社会、宗教、伝記、予言、精神世界、などにまで広がっています。

そうして集まった本は、五〇〇〇巻を超え、万巻に迫るでしょう。家に置いてはおけなくなって時々大量に図書館に寄贈したりしています。

他に財産を増やそうとはほとんどしていないのですが、そうして本を購入し、本を読むことが私の無形の財産になっているのです。

読書によって何を心の中に取り込むかが問題です。本を読みながらいかに生きるべきかを真剣に思索するのです。

本には読む人がそれに触れて、読む人を変えてしまうような情報が込められているものです。

それが読む人の深い心に触れます。自分の最も深い所に触れられたという深い味わいが読書によって生まれます。

そんな思いが味わいたくて読書遍歴が続き、書店遍歴が続いているのでしょう。

本の中にはそのような魔法の力を秘めたものもあるのです。

書店での本の見方さえも右脳を開くのに役立つ

書店に入ると時間の許す限り、ほとんどのフロアを見て歩きます。

そうして、平積みにされた新刊書、あるいは書棚に並べられた本の題名に速読の要領で目を走らせます。

つまり一冊、一冊に目を留めて書名を読んでいくのではなく、全体を一目で読みとる作業をしていきます。これこそ求める本の右脳探索法です。

そういう見方をしていると、求める本の題名の所だけが光って目に留まるようになります。

それはあたかも本の方から、「これだよ、ここだよ」と呼びかけてくる感じです。

その書の題名だけが光って見えるといった感じといってもよいでしょう。

ある時は心に思い抱いているテーマがあって、書店に入り、そのテーマの本を探す場合があります。

そんな折、人が並んで本を手にとって読んでおり、その限られたスペースにある本の題名がどうしても読み取れないことがあります。

そこで、そこだけは後回しにして、他の場所を全部見て回ります。

そうして、出口まで来て、そのまま帰ろうかなと思っていると、心に響いてくるものがあるのです。

私の求める本が、読む人によって隠されていたという思いです。

そこで、時間に迫られながら、先程の見逃したコーナーへ急いで行ってみると、たちまち一冊の本が目をとらえます。

そうしてそれこそが私の求めている本だったということがあったりします。

その時の喜びは、雑踏の中で、久しく出会わなかった知人にひょっこりと出会ったという喜びに似ているといったらよいでしょうか。

書店で本に目を走らせながら、いつも思うのは、自分の心を向上させ、自分を深める本に出会いたい、あるいは、今、必要とする実利的な本に出会いたい、あるいは未知の事柄に目を開かせてくれ、私の人生に豊かな味わいを添えてくれる書物に出会いたいという思いです。

書店自体が右脳を鍛える場に変わる

人間には左脳と右脳があります。

左脳と右脳の大きな違いは、左脳は一つひとつを識別する脳であり、右脳は全体を一目で把握する脳であるという違いです。

人間にはこの両方の働きが必要ですが、一般に、人は左脳の働きを主にしていて、右脳を働かせることには長けていないのが普通です。

左脳の働きを主にして、書店の中を巡れば、一つひとつの書名を読んでいかなくてはならないので、たくさんの時間が必要でしょう。

でも、右脳の働きを使えば、一目で全体が読み取れます。

そうして、必要なところだけが、大きな文字になって目に飛び込んで来たり、光になって輝いて見えたりします。

そこで、**書店で本探しをする時に、右脳を使う訓練をしようと考えてくださるのがよい**

のです。

ただ漫然と並んでいる本の題名を見ていくのと、右脳の訓練と思って見ていくのとでは、大きな違いを生みます。

思いが結果を生み出すのです。

思いは現実を創造します。まったく新しい現実をも創造するのです。

意識の用い方によって、人は自分の現実を、あるいは人生を変えてしまうことさえあるのです。

書店はすばらしい先人や成功者、偉人たちの偉大な精神が生んだ、知恵や知識の詰まった宝の宝庫であると同時に、右脳トレーニングの場でもあります。

題名を右脳の目で読みとることから始まって、手に取った一冊の本を右脳でサッと内容を読みとってしまうことまで、右脳の訓練に事欠きません。

「書店のどこに何があったか？」ということは右脳記憶の訓練にもなります。

家に帰ってその日立ち寄った書店の中の様子をイメージで思い出す訓練を毎回するよう

にすれば、しっかりした右脳記憶（映像で記憶すること）ができるようになるでしょう。

どこにどんな本が、どのような順序で並んでいたかをイメージしてください。

「これは面白そうだ！」とひらめく頭に自然になるには

読書する時に、あなたの守備範囲を広くしておくということはよいことです。

あなたが情報を受け取る範囲が広いと、興味を抱く範囲が広くなります。それだけより広く人生に面白みを見出せることになります。

もし、狭い事柄にしか関心がなければ、「これは面白い」と思う事柄にも事欠く結果になるでしょう。

だから、心を保守的にしないで、新しいことにはいつも心を開いていれば、「これは面白い」あるいは、「面白そうだ」と思う事柄が増えてきます。

ですから、**ひらめく頭にするには、第一にいつも心をすべてのことにオープンにしておくこと。第二に何でもすぐに否定してしまわないこと。少なくともそれを自分で一度は試**

してみるという雅量を持つことが大切です。

人はマイナス思考を持つことの方が多く、プラス思考をすることが少ないのが普通です。慣れ親しんだものの方が安心感があり、新しいことをあまりしようとしないのが普通です。そこに成功、不成功、運、不運の分かれ目があります。

「これは面白そう」とひらめく頭に自然になるには、心の持ち方、意識の使い方を少し変える習慣をもつようにしましょう。

新しい感じ方ができるようにすることが大切です。

また、**異化を覚えましょう。異化とは本来の使い方以外の使い方をすることです。**

誰もが普通に使っていることを、少し人と違った使い方を試みるのです。たとえば、今ここに書いてあるように、読書で右脳を開くといった発想をしてみることです。

すると、そこにまったく新しいものが生まれます。

新しいものに常に心を開いていると、自分の意識の使い方、考え方に異化が起こるのです。すると自然に人のひらめかない所で、ひらめく頭になります。

別の視野が生まれます。

本に限らず情報を瞬時に受け取る脳にするには

情報を受け取るのは、本からだけとは限りません。

人の話からも、新聞やテレビからも、店の陳列からも、街頭の風景からも受け取れます。


必要なのは関心の目をいつも開いているということでしょう。

「心ここに在らざれば、見えども見えず」という言葉があります。

同じ物を見ても、見る目を持っている人と、見る目を持たない人では、受け取るものがまるで違います。

見る目がなければ、面白いものも見過ごしてしまいますし、素晴らしい発見さえ見逃してしまうかもしれません。


心を開き、同時に記憶力を磨いておくことも大切です。

何かを見た時、それに関連したことを瞬時に思い出すことができる頭を育てておくことがよいのです。

イギリスのかつての首相、チャーチルは若い時、従軍記者をしていました。彼は他の記者たちよりも多くの特種（とくだね）を本国に送る能力に長けていました。彼は普通の記者とどう違っていたのでしょう。実は彼は平生から何でも興味を抱くタイプだったのです。

彼は従軍中のある時、捕虜たちが鎖につながれて護送されている風景に出会いました。他の記者たちが何の関心も抱かなかった護送風景の中で、チャーチルは一つの出来事に興味を抱きました。

一人の捕虜が他の捕虜たちと違って生き生きとしていて、元気でいたのです。チャーチルはその捕虜に話しかけ、元気の秘密を聞きました。すると、その捕虜は奇術師で、普段から奇術の訓練をしていたのでした。すなわち奇術という生きる目標があったので、他の捕虜と違っていたということがわかったのでした。

それから数日後、チャーチルが従軍している部隊の大将に「兵士たちの士気が衰えているが、何か良い対策はないか」と聞かれた時、チャーチルだけが、「捕虜の中に奇術師がおり、その奇術を兵士たちに見せて楽しませ、士気を盛り上げてはどうか」と提案することができたのです。

チャーチルの提案は大成功でした。

その結果、大将の覚えがめでたく、彼だけ他の従軍記者と違って、大将によく話しかけられ、それによって他の記者たちの知らないネタを仕入れて、本国に情報が送れたのです。すべてに心を開いて、関心を抱く習慣を持つとよい例がここに見出せます。

良い本を探す

書店に入る目的はもちろん良い本を探すためです。

けれども良い本というのはどんな本でしょう。

良い本は無数にあります。いろいろな分野に良い本があります。

だから一言で良い本を定義づけることは困難です。

でも、こうはいえなくはないでしょうか。良い本とはあなたを変えてくれる本であると。

優れた書物には人を変える力があります。その本に書かれたたった一言が人を変えるということさえあります。

若い頃、私は『偉人と天才』という本を読みました。

その本の中に「天才は普通の人と違う頭の使い方をしている。**別の所から情報を得ている**」という言葉がありました。

この言葉が私の心のフィルターに留まりました。

違う頭の使い方をしているというのはわかる。けれども別の所から情報を得ているというのはどういうことか。

この疑問が生じたのです。

そこから思索の旅が始まりました。そして長い長い旅の果てに「天才たちは他の人たちが働かせていない右脳で思考をしている、右脳で思考をすると異なった視点でまったく違う所から情報を得ることができる」と学びました。

たった一言が疑問を持たせ、それが歩く道を変えることさえあるのです。


人は自分を新たな人間にすることができます。

それは星のめぐり合わせや、運命によってそうなのではありません。それはその人の心の持ち方によってなるのです。

自分の道を創るのは自分なのです。


人生には二通りの生き方があります。

一つは自分の生き方を考えようともしないで、ただ流されて生きること。

もう一つは生き方を学ぼうとして生きること。

生き方に違いがあるのを知ることが大切です。

私には「天才は普通の人と違う頭の使い方をしている」という言葉が、自分の生き方を変え、探索を深めるきっかけになりました。

書店で夢を見る

二十代の後半、私はいつも書店に入り浸っていました。
そして、雑誌に、私が投稿したものが載っているのを見ながら、心をはずませていました。私の名前がかなり上位にランクされていると、自分の成長が感じられて、うれしかったものです。

そうしていつかは私の本が書店に並ぶことを夢見ていました。
私のすべての読書は、私自身を成長させるためのものでした。
人は読書によって成長するのです。
私が人生を知ったのは、人と接したからではなく、本と接したからです。
私は絶えず自分を成長させようと願って生きてきました。
そうして、どう成長すればよいのかを本を通して学ぼうとし続けてきたのです。
私は本の中の優れた言葉に接する度に、自分は何と非個性的に、貧しい想像とか空想しか働かすことができずにいることかと思い知りました。そうして、自分の未熟さを知り、成長を願ったのです。

そうして、私が成長するための方法として、優れた本の、優れた言葉を書き留める作業を始めました。

名文、名句をノートに書き写していると、感動の言葉の海に浸ります。その海に浸ることをくり返すことで、自分自身の内面で名言を、やがては自分で生み出し得る予感を抱くことができたのです。

優れた本を読むことの大切さは、読む人の人格の骨格づくりにあるのです。

原著の格調高い波動が、読む人に移し変えられ、それが読む人の気質を作り、風格を作り出していきます。

神様は天才よりも、凡人の方を愛してくださる

その頃私は読書中、心の琴線に響いた言葉をノートに書き留める習慣があって、その

ノートに「心の泉集」（巻末参照）と名付けていました。

そうして書いた「心の泉集」の中に次の言葉があります。

「どんな生き方をするのがいいのか。日々精進努力する道がいちばん尊い。天才に道はなく、凡才に道がある。天才は努力しなくてもできるから日々の精進、努力がない。そのため道を学ぶことができない。凡人で努力した人の方が自分の歩いてきた道の中から効果的な努力の方法を知り、人に示すことができる。**神様は天才よりも、凡才の方を愛してくださる。人間としていちばん尊いことは、日々精進、努力することであるから**」


私は自分を凡才と自覚していたので、その頃、ひたすら読書に没頭し、自分の心を磨くことに努めていました。

同時に深く思索することに努めていました。

いくら読書しても深い思索なしには、食事をしても消化しないのと同じです。

人が成功するいちばん大きな要因はその人の思索にあります。

その頃、私はジェームズ・アレンの本が好きで、その頃読んだ彼の本の一節に、

「自分の思考を劇的に変化させると、アッという間に周囲に驚くべき変化が生じる」

という言葉があるのに目が釘付けになりました。

科学者が色の付いた薬品の入ったフラスコの中に、一滴の別の薬品を落とし込みます。すると、たちまちフラスコの中の薬品に変化が起こり、全く予期しない化学変化を起こし、新しい物質が生じてしまいます。

このように思索的に生きるということが、クリエイティブに生きるという生き方だと思います。思索を重ね次々に新しいものを生み出していく。

そのような思索を重ねるという生き方が神様の心に適う生き方ではないかと思うのです。

同じことをしていると、その人の人生は沈滞します。創造するほど、神に近づきます。

苦難の道を歩く方がよい

人間の優劣は、その人が精一杯努力して生きたかどうかで決まると思うのです。

そういう生き方をするためには、骨身を惜しまず、学ぶ以外にありません。平坦な道ばかりを歩いていると、人の心は眠りこけてしまい、逆に茨の道を歩むほど、人の心は鍛えられるからです。

歩く道が苦難に満ちている方がよいのです。苦難や貧苦は人を鍛え、立ち上がらせるからです。

安楽を求めると、人の心は堕落します。

若い頃の私は、そういう思い一つで生きていました。まだ世の中に出る気持ちは一つもありませんでした。自分が凡人であることを、よくよく知っていたからです。

ただひたすら逆境にあって、自分を磨くことばかり考えていました。

ただ心がけていたことは、普通の人と違う頭の使い方をしたいということでした。普通の人と違うことを考え、ユニークであろうとしたのです。

そのために、その性向を助長するような本ばかりを選んで読みました。

ハムスンの『飢え』がそうですし、オスカー・ワイルドの『ドリアン・グレイの肖像』がそうですし、アンドレ・ジッドの『背徳者』などもそうです。

一途に自分の性向を強めるためです。

その頃読んだ詩で絶えず口ずさんでいたのは、フランスの詩人アンリ・ド・シェニエの

「私は、遥かに遠く
生き、かつ苦しむための
言葉を求めて
旅に出て往かむ」

という詩や、

スペインの詩人、R・デ・カストロの、

「泣く人は　孤独でない
ねがわくは　なみだよ　かわかぬように
悲しみこそは　心みたすもの

倖せは　けっして　心みたさぬもの
運命にもてあそばれ　賤しい芒《のぎ》のように
わたしは　さびしく　さまよった
けれど　すべてをつれていた　わたしは
悲しみを　友として　つれていたから」
などでした。

私はその頃不遇に憧れていた

その頃の私はしきりに不遇に憧れていました。後に大きな成功に達した人たちの若い頃の不遇な境遇に同情していたのです。

三〇歳の頃、ヘンリー・ミラーと出会いました。

私はたまたま彼の『セクサス』を読んで、たちまち心を奪われてしまいました。

この本の冒頭の数行は、私をとらえて今も離しません。

それは次のような文章です。

「あのダンス・ホオルで初めて彼女に会ったのは木曜日の晩であったに違ひない。一・二時間眠って朝、私は夢遊病者のやうな格好で出勤したが、その日はまるで夢うつつに過ぎた。夕食後、長椅子の上で寝込んでしまひ、翌朝六時頃、すっかり着込んだまま目を覚ました。全く心気一新した気持ちになったが、どんな犠牲を払っても、彼女を自分のものにしようという考へに取り憑かれていた。公園を歩きながら、彼女に約束してあった本『ワインズバァグ物語』に添えて、どんな花を贈ろうかと思案した。私はクリストが十字架にかかった三十三歳の年齢に近づいているが、もしも一切を賭ける勇気さへあれば、全然新しい人生が目の前にあった。といふものの実際は、危険に曝すべき何物も持っていなかった。私は運命のどん底にあり、如何なる意味に於いても失敗者であったのだ」

私はこの文章に魅せられくり返し読みました。すっかり暗記してしまうほどに。

そうして思いました。ヘンリー・ミラーでさえ、三三歳という齢に人生のどん底にあり、自分を失敗者であると思っていたのです。とすれば三〇歳の私に何を歎《なげ》くことがあるだろう。私の前にはまだまだ続く道があるではないかと。

私の好きなヘンリー・ミラー

ヘンリー・ミラーは私の大好きな作家の一人となり、その後『薔薇色の十字架』をはじめ、『北回帰線』『南回帰線』を夢中になって読みました。

そしてミラーの書の中で、私が特に愛読したのは『わが読書』でした。

この本をくり返し読むことによって、私は心を養いました。

彼の本を今引っぱり出してみると、その本のあちこちに赤線が引いてあります。

その一か所を引用してみましょう。


「文章は、あらゆる巨匠が彼の言葉に刻み込む、あの神秘な味、音色、そしてそれこそは彼のユニークな刻印なのだが、それが読み返すにつれてますます香り高くますます含蓄ふかく鳴り響くのだった」

この後にミラーの魅惑的な文章が続くのです。それらの文章をどんなに心をときめかせながら、幾度となくくり返し読み返したことでしょう。

そのページはヘンリー・ミラーの『わが読書』の中でも最も圧巻です。

また、「**ぼくは、例えばドストエフスキーなり、ランボーなりが読破した本の全書名を知ることができるなら、どんな代償を払ってもいい**」という文章もとても気に入りました。

人は大作家たちが何を模範に自分を組成したか、誰から最も強いインスピレーションを受けたか、どの作家のスタイルが影響を与えたかを知りたいと思っているものだという文章がこれに続きます。

私は今でもヘンリー・ミラーの『わが読書』を自分の座右から離しません。

第二章　私の文章修行

成功するためには大きな夢を持ち続けよ

人は二〇歳の頃には、人生のことはもう何でも知っているような気持ちでいるものです。そうして、何を願っても必ず成功できると思っています。

ところが、世に出て現実に触れると、自分の能力と世間の求める能力の間に大きな違いがあり、自分が天才でないことを思い知らされます。

そうして、やがては自分の能力に見切りをつけて、いつしか、現実にまみれ、夢を忘れて生きます。

こうであってはなりません。人は大きな夢を持ち続けないと大成しないのです。

私は二〇歳の頃、『成功の甘き香り』という本を読みました。

その時以来、私の心の奥底には、いつもこの小説の題名が鳴り響いて、消えることがありませんでした。

実は、私の夢は小学校五年生の時に始まります。

その頃、私は読書代わりによく辞書を読んでいて、ある日、辞書の中に「操觚《そうこ》業（ものかき）」という言葉を見つけました。

新聞、雑誌、その他評論に従事する人々という意味です。

つまり、文筆家を意味します。「觚」は中国古代、紙のない時代に文字を書いた木の札を表します。

この言葉を見つけた時、私の将来の夢が決まりました。将来、本を書いて世に出よう、という夢がこの時決まったように思います。

その時以来、小学校五年生で「子ども新聞」を作ったり、作文を書く勉強を重ねていったものです。

作文という言葉が常に頭の中にありました。私の読書の中で、「文章作法」は常に大きなテーマでした。

夢を持ち続けるだけでなく、努力を忘れない

私は二〇歳代の頃、小さな田舎町、江津町にあって、ここから、この小さな江津から日本中に情報発信をする、世界中に発信をする、と大きな夢を持っていました。

その夢を友達や恋人に語ると、「考えていることが現実的でない。足が地面についていない考えだ」と笑われました。

それ以来、自分の夢を人には語らず、胸の奥に秘めることを学びました。

すると、それが心の中のマグマになって、常に自分を高い所、高い所へとかりたてる気持ちがしていたものです。

私は密かに、常に偉大さを持ち続ける自分をイメージし、自分を中国の古典「易経」に出てくる潜竜に見立てていたものです。

竜には六態あります。竜が空に飛び上がるまでに六つの成長段階があるのです。それは次の六つの段階です。

・潜竜（せんりゅう）水の底にいる。まだ世に出ない。

・見竜（けんりゅう）浮かび上がってきて、首だけ見せている。ようやく力が見出され始める。
・乾竜（けんりゅう）姿を出す。嫉む人たちから妨害を受け始める。
・淵竜（ふちりゅう）淵の近くにいる。慎重に謙虚な気持ちを忘れず、淵に沈む。
・飛竜（ひりゅう）飛び始める。何もさえぎるものがない。大きく飛翔する。
・亢竜（こうりゅう）地の底にまた戻る。栄光は長続きはしないもの。また最初に戻る。

そして常に読書を続けました。読書が唯一自分を成長させる道であったからです。
そして**私の夢は本を書くことによって世の中に出ていくことでした。**
そのために若い頃はひたすら読書と文章を書く修行に明け暮れていたのです。

わが心、迷路を歩む

その頃の私は文章を書く修行を日々休みなく続けながら、自分の未熟さをつくづく感じていました。

書いたものを読み返してみると、浅薄で、人の考えない深い思索が込められているとは見えず、詞藻《しそう》に豊かさもなく、絶望してしまうのでした。

結婚したての頃、夜はいつも机に向かい原稿を書いては捨て、書いては捨てている私を見て、妻がよく言ったものでした。「どうしてせっかく書いたものをそうして捨てるの。もったいないないではないの。とっておけば？」。

でも、とてもとっておけるような内容ではなかったのです。

誰よりも自分自身が厳しい批評家でした。

そして妻に、

「私の心の中の思いと、実際に書いた文章の間には天と地ほどの乖離《かいり》がある。もし、心の思いと書いた文章の間に乖離がなく、筆からほとばしるものが、そのまま人の心を打つような文章が書けるとしたら、その人は天才だ。でも、私は天才ではないので、こうして毎日苦労して、その間を埋めるための書く修行を続けているんだよ」

と言ったのでした。

私の文章に未熟さがつきまとって、離れなかったのは、文章を書く私の心に一筋の明確な志がまだ育っていなかったからです。

中心もなしに、ただひたすら文章の華美を求めたり、筋の面白さを求めたりしていたので、作品に深みがなかったのでした。

私はそのことを悟るのに、まだまだ読書をする必要があったのでした。

もし、その頃、私によい師があったら、私に何が欠け、何が大切かを見抜き、一言でよい忠告をしてもらえたかもしれません。

そう思う時、師を持つことの大切さ、よい書に出会うことの大切さを思わないわけにはいきません。

三十代の初め、私は非常に未熟だった

私は三〇歳で結婚しました。そしてすでにその頃から、将来は本を書いて世に出るという夢を持っていました。

だから、私の日課といえば、本を読むこと、そして思考にふけること、原稿を書くことでした。

ここにプラトンの師、ソクラテスの言葉があります。

「自問をくり返し、じっくり考察しない人生、すなわち吟味のない人生は生きるに値しない」

私は読んだ本から、いろいろな言葉を見つけて、「心の泉集」と称するノートにメモをとり続けたことは、すでに書きました。

その頃の私は、いつもじっくり自分の人生を吟味しながら送っていたように思います。

その頃の私の箴言《しんげん》集「心の泉集」には、次のような言葉があります。

「人は星の巡り合わせによって、平凡に生きるか、次元の高い生き方をするか決められているのではない。心の持ち方によって自分の生き方を選んでいるのである」

「人は志を立てることによって、成功に至ることができる。成功とは立志の別名である」

それらの言葉は、私が読書の中で拾った言葉です。

人は読書をし、偉人たちの生き方を自分の生き方にひき比べてみて、少しでも偉人たちに近づける生き方をするのがよいと思います。

私はその頃、いつもその思いで生きていました。

けれども、そのような思いで生きていたにもかかわらず、私が原稿に自分の思いを書くと、それは常に私の意に満たない、レベルの低い文章になって表れるのでした。

無駄な読書をするな

その後、私は間違った道を歩んでいました。迷路を歩んでいたといってもよいでしょう。

だから原稿を書いても書いても、なかなか成果が得られませんでした。

それは一つには私の未熟さのせいです。当時の私は、自分が一筋の大道を歩んでいると思っていました。

それが、実は迷路であったにもかかわらずです。

その頃の私は道案内人もなく、読書の森をさ迷い歩き続けていたのだと、今になって振り返って思います。

私の読書の仕方が、間違っていたのです。

読書といっても、いろいろな読書があります。「群書を雑看する勿《なか》れ」。これは幕末、佐賀藩にいた優れた学者、古賀穀堂《こくどう》の言葉です。「たくさんの書物を見るな。選んで読め」というのです。

穀堂は、「無駄な読書をするな。退屈だから読むといった暇つぶしの読書などするな。小説などをむさぼり読むな」などと読書についての心得を説いています。

私はその穀堂のいう無駄な読書をしていたと、今、痛いほど反省しています。

読書術の本など読まなかったからです。田舎にいて師のいなかった私は、本をたくさん読みながら、中心のない雑駁《ざっぱく》な読み方をしていたと思うのです。

それは私の思考法が、未熟だったからです。全体を見通せない思考をしていて、自分の人生を吟味して生きているつもりでいて、迷い道に紛れ込んでいたのです。

今、私が反省していることは、早くからよい道案内人、つまり師とする人や友人を見つけたほうがよかったということで、もし、師や友人が身近にいなければ、師の代わりとなる道案内の書を見つけるべきだということです。常に座右に置いて、絶えず読み返し、そこから学ぶことが、泉の如く汲み出せる、そんな書を見つけたら最高です。

私の座右の書

いつの頃からか、私は佐藤一斉の『言志四録《げんししろく》』を自分の座右の書とするようになりました。

佐藤一斉は江戸末期の人です。名は坦、字は大道、通称は捨蔵。一斉は号。他に老吾軒という号も使っています。

曾祖父は美濃岩村藩の家老、祖父も父も同じ藩の家老職を勤めました。

一斉は次男坊として藩邸に生まれ、幼児の頃より読書を好みました。

そうして一二歳にしてすでに成人の如くであったといいます。

一斉はこの歳から天下第一等の人物になろうと志したほど気宇の大きい人物でした。

『言志四録』はその一斉が書いたもので、書経に「詩は志を言い、歌は言を永うす」とあり、この言葉から来ているものと思われています。


詩は思想・感情を表し、歌は言葉に声永く、節をつけたものという解釈があり、従って言志四録とは言葉で思想、感情を表したものと考えればよいでしょう。


言志四録は次の四つの誌録をまとめていう言葉です。

言志録二四六条四二才の作。

言志後録二五五条五七才の作。

言志晩録二九二条六七才〜七八才の間の作。

言志耋録三四〇条八〇才の作。

合計一一三三条からなり、文化一〇年から四〇年間にまとめられたものだといわれます。

その出典は四書五経、その他諸子の説を一斉流にまとめたものです。

言志四録《げんししろく》を読んで志を明確に立てることを学んだ

言志四録に次の言葉があります。

「少にして学べばすなわち壮にして成すことあり
壮にして学べばすなわち老いて衰えず
老いて学べばすなわち死して朽ちず」

これは一斉の言志四録の中で一番いい言葉だと私は思います。人間としてのよい生き方、志のあり方を簡潔にまとめた名言だからです。

言志四録を読むことで、人は志を鍛えられます。

志さえ鍛えれば、第一級の人間になることも難しくありません。

古来、この言志四録を読んで志を鍛え、歴史に名を残した人物が少なくありません。

幕末の青年たちはこぞってこの本を読み、発奮したことが伝わっています。吉田松陰、勝海舟、坂本龍馬といった人々も、この書を読んで発奮したのです。

佐藤一斉の言志四録はそのような影響力、エネルギーを秘めた恐るべき書なのです。

私もこの本から多くを学びました。何よりも「目的の確立」について学びました。

一斉は言志四録の三二に「目的の確立」について書いています。

一斉は「しっかりと志、目的を確立してどこまでも追求すれば、たとえ薪や水を運んだりする日常平凡なことでも、学ぶべきものが存在する。志が確立されていなければ、一日中読書していても、それはただ無駄事に過ぎない」と書いて、学問をするには、まず第一に志を確立するより大切なことはないとしたのです。

佐藤一斉も迷った

佐藤一斉も言志四録の二三九に「書を選び精読すべし」と題して次のように書いています。「自分は二〇歳の頃、一生懸命読書して、千年も昔のことまで知り尽くしたいと思った。中年以降になってから一度以前のことを後悔して、心を外に向けることを戒め、努めて心に深く反省するようにした。それからは、やや得るところがあり、これが聖賢の学問に反しないことを悟り得た。

今は老人になって、若い頃に読んだ書物は半分以上忘れてしまい、ぼんやりした夢のようである。少し、心に残っていることもまばらでまとまっていない。それを思うと、益々とうとい半生を無駄に過ごしたことを後悔している。今になって思うと、書物はむやみに読むべきではなく、よく選択して熟読するのがよい。ただ肝心なことは、読書して得たことを一生涯十分に活用することである。若い人たちは、自分が経験した後悔をくり返してはいけない」

一斉ですら、このような後悔があるのです。

一斉の言志四録を若い頃、熟読玩味すれば、同じ過ちをくり返さず、より有益な道を歩むことができるでしょう。

そう思うにつけても、熟読玩味の方法を学ばねばならないと思うのです。

三十代の頃の私は英文を書く修行に明け暮れた

三十代の頃の私は、そのように心が揺れ動きながらも、島根県の小さな町にいて、平穏無事な毎日を送っていました。

この頃もう一つ、常に心がけていたことがあります。

それは絶えず、英語の本を読み、英文を書く修行を続けるということです。

その頃、『カレント・オブ・ザ・ワールド』（世界時潮）という社会人向けの英語雑誌があって、私はその本の英文和訳欄、和文英訳欄に毎月投稿を続けていました。

その傍ら英語で書かれた「文章作法」を読んでいて、英文を書く修行を続けていました。

この英語雑誌に、ある時英文随筆欄が設けられ、自由作文を投稿する道が開けました。

私は早速その随筆欄に応募し、その第一作がスッと選に通って掲載されることになったのです。これは面白いと思って、すかさず第二作を送ると、それもスッと通って賞品が送られてきました。

それ以来、毎月その随筆欄に投稿を続け、再三入選し、そのうちに「今月は七田の投稿がなかったから寂しい」「この人は完全に英文を書くコツを身につけた人である」というような評をいただくようになりました。

奇妙な話ですが、私は英文を書くことによって、文章を書くコツを覚えていったように思います。

『カレント・オブ・ザ・ワールド』への投稿でも、英文和訳よりも、常に和文英訳の成績の方がよかったのでした。

私に文章作法を教えてくれたのは、あの時の英語で書かれた「文章作法」の本であったと今も思います。

とにかくその頃は、ひたすら英文を書く修行に明け暮れていました。

道が開き始めた

そのように文章修行を続け、結婚して六年が経ち、私が三六歳になった時に『英語教育』という雑誌が、二十世紀の英米文学の評論を募集する企画を発表したことがありました。選者は東大の朱牟田夏雄教授でした。

私は早速、オズボーンの『怒りをこめて振りかえれ』を読んで、その評論を書き送りました。

すると思いがけなくその論文が何百という数多い応募作品の中から第二席に選ばれたのです。

これに気をよくしてその翌年も、同じ企画が発表された時、今度はオコーナーの『善人は見つけ難い』という本を読んで、その評論を書いて送りました。

すると、何と今度は引き続き三席に入選したのでした。


ここにいたって、私はようやく自分の進む道に一筋の光明を見出したのでした。

その年、私の住む島根県で『山陰文学』という同人雑誌が毎月発刊されていることを知りました。そこで、早速、一つの実験的な作品を書き、その作品を送って同人の仲間に加えてもらえないだろうかと書き送ったのでした。私はその頃、優れた芸術作品はすべて実験的作品であると思っていたからです。たとえば、セザンヌの「林檎」の絵は、一つの視点でなく、複数の視点で書かれています。一つの視点ではあり得ない像が、一つの画面に描かれているのです。後に、この複数の視点を一つの絵の画面に取り入れて描くことに成功したのがピカソです。

すると、「面白い作品です。喜んで同人に迎えたい」という返事が届きました。

どうやら私に道が少しずつ開かれてきているのが、感じられるようになりました。

ちなみに、その作品は「ある事件の裏側」と題し、一つの出来事を、三つの視点から見るという工夫を取り入れたものでした。

それは、その頃読んだ、ゴーリキーの実験的な作品『二十六人の男と一人の少女』という作品に触発されて書いたものでした。

ゴーリキーはこの作品で一人称複数という実験を試みて成功しています。一人の少女を二十六人の男性が愛する。それを二十六人の男性の別々の視点ではなく、一つにまとめて一人称で書くという実験で、見事に成功しているのです。

第三章　多読・速読の技法のはじまり

まず空っぽの頭がそこにあった

私は戦争中の小学校の後半と中学時代を外地で過ごしました。

太平洋戦争が始まったのは、昭和一六年一二月八日ですから、小学校六年生の時です。その日、学校に行く途上で、いつも通り過ぎる救世軍の建物の前に来ると、いつもはひるがえっている星条旗が降ろされて、日本の旗がひるがえっており、入り口には二人の日本の軍人が執銃帯剣の姿で立っているのが見えました。

それによって戦争が始まったんだなという実感を得ました。

そうして、戦争が終わったのは昭和二〇年八月一五日のことで、私が中学四年生の時でした。

戦争が激しくなるにつれて、動員作業に出ることが多くなり、学校もいつしか旋盤工場に変わり果て、そこでは下級生たちが作業に従事していました。

私たち上級生は、関東軍の部隊を渡り歩いて、動員作業に従事していたので、学校で学科を学ぶということはまったくなかったのです。

その代わりに泊まり込んでいる部隊で、夜一一時まで消灯を延期してもらって、自習をさせてもらえる仕組みになっていたので、将来のことを考える学生たちは、そこで毎晩熱心に勉強して学力を磨いていました。

一方の私は、学業に精を出すなどということは、露ほども考えずに、日中の作業に精を出していたので、自習時間には体が疲れてきて、みんなと同じように本を開いて学ぼうとしても、まったく頭が働かず、すぐ頭が船を漕ぎ始め眠たくなってしまうので、ついには自習室に行くことを止めてしまいました。

そうした状況だったので、戦争が終わった時には、頭の中はまったく空っぽで、学校で何を習ったかといえば、体を使って激しい肉体労働をするということだけだったのです。

それまでは、日々体を使ってひたすらお国のために働くという目的があったのに、突然その目的を失って茫然自失している自分の姿がそこにありました。

高速・多読で取り返す

同級生たちは将来を考えて、毎日着実に勉強を重ねていったのに、その頃、何も考えることを知らなかった私は終戦の日、空虚な頭を抱えて、心底当惑するばかりでした。嘆いてもしょうがないので、そこから中学一年生に戻って、学習することにしたのです。すでに上級学校に進学するための必要な知識を自習によって身につけていた同級生たちとは、大きな違いです。

終戦後、日本に帰り、新しい学校制度に変わった新制松江高等学校の二年生に編入させてもらった私の頭は、とてもまだ授業についていける頭ではなく、クラスで一番ビリの成績でした。

授業にはついていけず、指名されても一問たりとも、答えることができず、先生が「坐ってよろしい」といわれないので、ただ呆然と立ち続けるばかりでした。

これではいけないと、ここから奮起が始まります。

のんびり勉強していては追いつけないので、自然に高速で大量に学習する方法を始める

ようになりました。

まず、英語の勉強です。当時、中学三年間で学ぶ単語は約二〇〇〇語くらいでした。それを一か月間で覚える目標を立てました。これを日割りすると、一日七〇単語覚えればよいことになります。そうして実際にひと月で覚えてしまいました。

その覚え方は「覚えようとするよりも、ひたすら高速でくり返し、目を通し、言葉に出す」という方法でした。

朝から夜まで一日最低一〇回くらいくり返すと、自然に頭に入ってしまいます。

最初はなかなかそうはいかなかったので、毎日死にものぐるいでくり返していると、いつの間にか記憶の質が変わって楽に覚えられる頭に変わっていったのです。

英語のテキストも、文法的にはよくわからないので、ひたすら暗記に努めました。

これは何という天の配剤でしょう。ここから高速暗記学習が自然に始まったのです。

そうして一学期が終わり、夏休みが明けると、私の頭はすっかり変わっていたのです。級友たちが解けない東大の英語問題でも、楽に解いてしまう頭がそこにありました。

それにつれて、どの学科も楽に学習ができるように変わっていたのです。

新しい学習法への目覚め

こうした体験から、私が脳の機能と学習法に興味を持つようになったのは、ごく自然な成り行きです。

私は自分の体験を元に、高校生の頃から中学生の家庭教師を始めることになりました。

その頃の私は松江の西川津町にある楽山寮という貧困学生のための寮にいて、奨学金をもらいながら、週に一日、二日は生活費を稼ぐためにアルバイトに出ているという、クラスでただ一人の苦学生でした。

その様子をよく知っていた担任の先生が、私の学力の変化をつぶさに見ていて、私に家庭教師のアルバイトを紹介してくださったのです。

私は、先生に紹介してもらった中学二年生の男の子に、自分で成功した学習法をそっくり当てはめてやらせてみることにしました。

つまり、**理解よりも暗記、暗唱を中心とした高速大量入力方式の学習法をやらせてみたのです。**

その結果は実験してみた私自身が驚くほど見事なものでした。

その生徒が中二でありながら、たちまち高二くらいの英語の実力を身につけるということになったのです。私を紹介してくださった先生も喜んでくださり、大いに面目をほどこしたものでした。

この結果は後々まで役に立ちました。私は大学に入った後も家庭教師を続け、この方式で優れた子どもたちを次々に育てていったのです。

私はそこで、自然に、学校教育とは違う教育法を考えるようになりました。**世で行われている教育法とは、まったく違った学習法が存在するのではないかと思うようになったのです。**

同時に人間の脳力というものについて、深い関心を抱くようになりました。

人間の脳には、もっと未知の隠された脳力があるのではないか、そしてそれを引き出す教育法があるのではないかと、その頃から思うようになったのです。
そこから今の私の右脳教育法にたどり着くには、まだいくつかの紆余曲折があります。

中学一年生の頃から人間の隠れた脳力に興味を惹かれた

私は中学一年生の頃から、人間の脳に隠された秘密の脳力に深い関心を抱くようになりました。
それは中学一年生のある日、同級生の一人が、もう一人の級友を催眠術で変性意識のレベルに導いて「明日の歴史の問題が見えてくる。その問題を読め」というと、催眠状態に入った級友が、翌日の歴史の問題を正しく透視して告げるという現象を見て、驚嘆したことに始まります。

この体験から、「人間の脳には科学的には未知の不思議な働きが隠されている。その秘密の脳の働きを知りたい」という、疑問と関心を持ち続けたことから、その後の私のすべてが始まっています。

ここに、かつてのイギリスの首相、チャーチルの言葉があります。「人は少年の日に大切なものに出会う。だが、いつの間にか忘れ去ってしまい、心に留めておく人は少ない」。私は少年の日のその出来事を大切にし、忘れ去らなかったことから、私独特の人生の歩みをスタートさせることになりました。

その後の私の読書に、脳の神秘に関する本が加わっていったのは、いうまでもありません。

そうして、私が読んだ本に長南年恵《おさなみとしえ》の本があり、浜口熊嶽《ゆうがく》のことを書いた伝記があり、空海の本があるのです。海外の神秘家たちの本も読みました。

浜口熊嶽は明治一〇年に生まれています。この人のことを書いた一〇〇〇ページにも及ぶ伝記本があるのですが、友人の催眠術の実験を見たその二、三年後に、九州の私の祖父の書庫に、その本がひっそりと隠されていたのを見たことが、私の人間の脳力に関する興味に、一層火に油を注ぐ結果になりました。

浜口熊嶽《ゆうがく》のこと

浜口熊嶽は明治、大正、昭和の三代を駆け抜けた幻の気合い術士といわれる人物です。昭和の初めに御木本幸吉、尾崎行雄と並んで、三重県の三傑の一人として数えられました。

熊嶽は明治一一年一二月二日、熊野灘に面した三重県の長島村の漁師の子として生まれました。

生まれた時は、どこをとっても特徴のない赤ん坊でしたが、八歳で長島尋常小学校に入学すると、阿呆熊、ハナ熊などという、かんばしからぬ渾名がつきました。

いつも鼻水を垂らしていて、何を聞いても「ウー」と答えるばかりであったからです。字一つ読めませんでした。先生がいくら熱心に教えてもまるで覚える能力がありません。しまいに彼は何も覚える力がないから、学校に来ても無駄だ、皆のじゃまになるという理由で学校を退学させられてしまうのです。

その彼がふとしたことで那智山に住む仙人に目を付けられ、那智山で仙人について、人知れぬ修行を行い、真言密教の秘法を学ぶことになったのです。

一七歳の時、村に帰ってきた時は気合い一つで病人たちの病気を治し、そのことが知られて、だんだん著名になっていきました。

人間が持つ潜在的な能力に非常に関心を持っていた私の興味に火を付けた第一号の書はこの浜口熊嶽の伝記でした。

私の注目を惹《ひ》いたキューダ・バックス

続いて私の心に深く刻み込まれた書があります

その書の名前は『心霊の秘庫を開きて』（高梨純一著）という本でした。昭和三一年にライト書房というところから出された本です。

その本にはキューダ・バックスというインド人の超能力者の話が書かれていました。

キューダ・バックスは一三歳の時、学校に来た手品師プロフェッサー・ムーアの手品に魅せられました。

彼はこれを本当の魔術と思い、何とかあの不思議な能力を身につけたいという思いにかられ、二日後にわずかな貯金を持って家出をしました。

プロフェッサー・ムーアの後を追ったのです。そうしてムーアの弟子になったものの、ムーアの手品は本当の魔術ではなく、トリックがあると知って、完全に失望してしまいました。

それと共に本当の魔術を学びたいという気持ちがますます強くなり、本当の師匠を見つけようと決心しました。

やがて一六歳の時、チャンスがあって、ヨガの行者のところに弟子入りをしました。この先生によってバックス少年は本当の超能力を身につけることができたのです。

彼は先生のもとでひたすら瞑想し、精神を集中する訓練をしました。

そうして、二年半の後、二分と一五秒の間、一つのことにイメージを集中することができるようになりました。

彼は、そのヨガの行者によって**「偉大な精神集中状態に達すると肉体の目を用いること**

なしに、物を見ることができる」と学びました。

バックスはそこで、その集中力を得た後、トランプで透視の訓練を始めたのです。

トランプの山から一枚ずつ取り、裏返したままそれに精神を集中して、心に浮かんだ記号を紙に書いていきました。

一組のトランプを全部済ませた上で調べてみると、何と最初から70～80％の正解率でした。

右脳開発法に役立ったキューダ・バックス

バックスのこの記事を読んだ時、彼が開発した能力とその修行法が私の記憶に残りました。

精神集中によって透視の能力が得られること、透視の能力とは肉体的な目ではなく、内在的な心的イメージ力によって得られることなどを、私はこの本によって学んだのです。

このことがはからずも、後に私の右脳開発法の原点となっていくのです。

人は読書によって啓発されるものです。

読書なしには人生の秘密は学び得ない、というのが私の考えです。

「この人生には、人の考えつかない、未知の多くのことが秘められており、飽くことのない求道者にのみ、その秘密が明かされる」

これは私がその頃「心の泉集」に書き付けた言葉です。

その頃の私が書き留めた箴言《しんげん》に次の言葉があります。

「知識は、われわれが天に飛翔する翼である」

知識なしには、広い天に飛翔することができないでしょう。

まず、知るということが大切です。

でも、知る以前に大切なことがあります。

それは疑問を持つということです。すべては疑問を持つということから発します。

次の箴言もあります。

「一つのテーマを持って読まなければ、毎月一〇冊の書を読んでも糧にはならない」

すべてが一つにつながっていった

そうした読書の体験が、やがて自然に右脳教育法の目覚めとなっていったのです。

実は**右脳には二つの大きな特徴がある**のです。

一つはＥＳＰ的な脳力です。精神を集中するとＥＳＰ的な働きが自然に出てきて、波動共鳴の原理で情報がとれるようになります。

これが浜口熊嶽やキューダ・バックスの示した脳力です。

もう一つは高速で大量に記憶し、記憶したことを自動的に高速処理する能力です。

初めの頃はそれが右脳に関する能力だとは知らずに、ただ人間の脳に秘められた潜在能力ということで理解していました。

このように、私が早くから興味を持っていたのは、人間の脳に秘められた潜在意識的能力であり、同時にその開発法であったのです。

したがってその方面の読書に集中していったのは当然のことです。

そして一方では多読を行い、一方では精読を行いながら、自然にバランスをとって、右脳教育の開発に到達するようになっていったのです。

それは一九八〇年にアメリカのブレックスリーが書いた『右脳革命』を読んだことに始まりました。

この本によって世の中の人々は右脳に深く関心を寄せるようになったのです。

続いて翌年の一九八一年、アメリカのカリフォルニア工科大学のロジャー・スペリーが右脳と左脳の研究でノーベル生理学、医学賞を取りました。

そのことから一気に右脳時代が始まることになっていったのです。

私の中でも、それらがきっかけで、それまでの人間の潜在意識的脳力が、実は右脳に秘められた働きそのものである、とわかって、それまでの蓄積がすべて役立ち、右脳教育の研究が進んでいくことになったのです。

高速・多読をすると自然に右脳が開ける

人間は高速で情報を処理している時は、左脳の言語回路を使わず、別の回路を使うことが科学の研究でもわかっています。

二〇〇四年の九月二〇日の日本経済新聞が「速読をしている時は言語回路ではなく、別の回路を使っている」と発表したことはすでに述べました。

多読・速読の能力を身につける技法としては、高速で大量に情報を脳にインプットすることを続け、自然に右脳の回路を開かせるようにすればいいことがわかっています。

そこで、**倍速、四倍速のCDを聞きながら、テキストを読んでいく習慣を続ければ、自然に右脳の回路が開け、速読の能力も育ちます。**

今ではそのためのCD付き速読法の本をいくつか出しています。

『超右脳速読法（CD付き）』（KKロングセラーズ）がそのような本の一冊です。

この本の中に速読セミナーを受けて、一日最低一〇冊、調子のよい時には五〇冊読む目標が実現しているという横浜のA・Kさんは、一日一〇〇冊の速読さえできるようになったと報告してくださっています。

千葉のK・Sさんは二人の小学生の子どもに、二倍速の高速聴をさせて、速読の能力を育てました。

以下がそのレポートです。

「先生が右脳にいいのは、大量に、速く、くり返しと言われている言葉を思い出し、高速聴が子どもの右脳を開くのにいいはずだと思い、二倍速、四倍速の高速聴をくり返しました。小説をテープに吹き込んで二倍速で聞きながら、同時にその小説を読ませました。四倍速もやってみました。これは少しやりにくかったようです。しかし、これをやったお陰で倍速の高速聴はずいぶん楽になりました。

この高速聴が速読につながりました」

七田式多読の習慣

本読みが習慣ともなると、暇さえあれば本を読んでおり、ぼんやり何もしないで過ごしているのはかえって苦痛になります。

そして、七六歳になった今も、新幹線に乗ったり、飛行機に乗ったりすると、降りるまでには一冊～二冊の本を読み上げています。一冊の本を読むのに、三、四〇分あればよいのです。

実際、旅に出るほど、本読みの時間が見出せ、読書の量が増えるのです。

家に帰った時は山ほど仕上げなくてはいけない仕事が待っています。

原稿も締め切りの迫ったのが何本も待っていますし、読書の時間がほとんど見出せません。

そんな中で月三〇～四〇冊の読書は最低続けています。

それは仕事上必要だからしていることでもあり、同時に趣味にも適っているのです。

若い頃から趣味の欄には読書と書くのが常でした。

でも読書の垂れ流しの習慣はいけません。**読書をして考えないのは食事をして消化しないのと同じです。**

考えるためには書くことがよいのです。

私の場合は本を読むと同時に、メモをとり、原稿を書き、本を書くことが平行して行われるので、幸いに垂れ流しに終わらずに済んでいます。

人は本を書き始めると、その人の、読書の質が変わります。新しい要素が加わるのです。

書くためには創造が必要です。心の泉の中に膨大な蓄積が行われ、あるテーマについて書こうとすると、そのことが契機となって蓄積された情報とテーマの間に、無意識レベルで触発が行われ、それがひらめきとなり、統合され、創造レベルとなって出てきます。

もし、書くことがなければ、この工程が省かれるので、優れた創造も生まれないことになります。

読んだ本の内容を覚えること

読んだ本の内容をすべて覚えることはできません。でも、自分に関心のあることは記憶に残るものです。だから、関心を広く持つことが大切ですが、もう一つ大切なのは、関心を持った事柄を記憶に留める技術です。

記憶を留めるのに、左脳的方法と右脳的方法があります。このどちらの方法も使いましょう。

左脳的な方法というのは、興味を持った内容を簡潔にメモすることです。メモすることによってそれが記憶にしっかり刻み込まれます。

右脳的な方法というのは書かずに頭の中の図書館に本を納める方法です。読んだ本の題名、関心を持った事柄が、頭の中に収まっていて、どの本のどのページ辺りにそれが書いてあったか瞬時に思い出せるようにするといいのです。

私の場合、本を書く時に、引用したい事柄があると、どの本のどのページのどの辺りにそれが書かれているかが瞬時に思い出せます。

瞬時とはいかない場合でも頭の中の図書館を探せば探す本の手がかりが見つかります。

これは右脳の記憶を頼りにしているのです。

一つの方法で探すことができなければ、すぐ別の方法に切り換えます。すると、別の手がかりからその内容にたどり着けます。これは、脳の立体的思考法です。まったく違ったところから思いつきがひらめいてきます。

そういうやり方で、本を書いているのです。

本の内容をそのようによく覚えているので、本を書くのが楽なのです。あまり材料を探すのに時間がかからず、次々に右脳から出てきます。

といったわけで、一冊の本が一週間くらいでまとまります。書く時には、左脳でうんうん苦しまずに、右脳から自然に文が流れ出します。

読書と本書きをどう結びつけるか

私は昨年も、一昨年の二〇冊に引き続き、同じく二〇冊の本を出版社から出していただきました。

月平均二冊弱の本を出していただいていることになります。

これはたぶん、私が右脳を使って立体的思考をして、脳の各層に納めた図書館から、情報を自由に引き出しているからできることだと思っています。

いいえ、右脳だけではいけません。表現脳である左脳も鍛えておかないと、ひらめきを創造という形にして本に表すことが不可能です。

右脳はひらめき、直感の脳、感性の脳で、左脳が論理的、分析的表現の脳なのです。

私が本を書く時は、この両方の脳を統合して使っていることを感じています。

書く時は文が自然に右脳から流れ出します。左脳でうんうん考えるという苦行に似た工程はないのです。


右脳は全体を見通す脳、左脳は部分部分をしっかり論理的につなぎ、表現する脳です。

その両方が同時に働いて、書いていく端からそのまま活字にして、本として仕上がる文章ができあがっていきます。

そうして早い時には三日か四日で一冊の本が仕上がり、遅くても一週間あれば、一冊の本が仕上がります。

テーマを与えられると、頭の中にある図書館に蓄積された情報が、求めに応じてあちこちで立体的にスパークし、必要な表現をとって出てきます。

この場合、記憶が確かであることが、必要です。幸い右脳の記憶と左脳の記憶がうまく働いて、速いスピードで本が仕上がるのです。

右脳の記憶はそのテーマについて書庫のどの本のどのページにそれに関連したことが書

かれてあるかということを思い出せばいいし、左脳の記憶はメモにとったノートを見ればよいことになります。

第四章　読書はなぜ大切か

読書のすすめ

読書はなぜよいのでしょう。それは読書こそ知恵の源泉だからで、自分だけの考えでとどまっていると、発想の領域が限られパターン化してくるからです。

だから、読書によって新たな刺激を得、いつも自分の思考領域の幅を広げようとするのがよいのです。

読書をすると、思考の領域が広がるだけでなく、表現力にしても磨きがかかります。短い言葉で深い内容を表現する技術が身に付きます。

優れた本というのは、表現がくどくなくて、簡潔に深い内容を表現しています。

例えば『論語』などは、その最たるものです。

『論語』は次のように書き出されています。

第一篇　学而

「子いわく。学びて時に之を習う。またよろこばしからずや。朋あり。遠方より来たる。また、楽しからずや。人知らずしてうらみず、また君子ならずや」

短い簡潔な表現の中に、なんと多くの思いを盛り込んであることでしょう。全篇がすべてそのような凝縮した珠玉の表現に満ちています。そうして読む人の心を深くします。このように優れた人間の生き方を説く、四書五経を昔の人は小さな頃から、寺子屋に通い、素読することによって、心を磨いていきました。そうして人格を磨いていき、人間としての深みを育てていったものです。

読書は人間としての骨格作りに役立つのです。特に古典を読むべきです。

浅く広くよりも狭く深く

読書の仕方は浅く、広く読むよりも、狭く、深く読むことが大切です。古典と呼ばれるものをくり返し音読して、暗唱できるまでに読み深める読書の仕方が大切です。

浅く、広く読むのでは、脳に深く刻み込むことができません。くり返し音読、暗唱する読み方が大切です。それによって人は脳の質を変えてしまうことができるのです。

第一に記憶力が変わってきます。これまで、記憶力が乏しく、覚えることが苦手であった頭が、たちまち読んだことを記憶するのが楽な頭に変わってしまいます。

江戸時代、寺子屋では子どもたちに「四書五経」といった古典を、意味は教えず、音読、暗唱させたものでした。

その学習法を「素読」といいました。素読は右脳学習法です。左脳記憶とは質の違う右脳記憶を育てます。

現在の学校の学習法は理解を中心とした学習法で、暗記を非常にさげすんでいます。暗記は機械的営みであり、記憶力のいい子は考えたり、理解したり、創造したりする力が乏しいといって、記憶や暗記をさげすむ考え方がありますが、それは間違いです。

素読には、くり返しの記憶によって完全記憶が育ち、右脳が開けるという秘密の働きがあるのです。

明治に入り、西洋からの「理解」を中心とした学習法が入ってきて、子どもに意味もわからない『論語』を素読させる学習法など、小さな子どもたちの脳にはそぐわない学習法だとして遠ざけられることになってしまいました。

これによって日本の教育は大きな損失を受けることになったと思います。理解を中心とする読書法は左脳読書法で、素読は、記憶の質を変えるばかりか、言語のリズムやセンスを脳の深奥に刻み込ませ、音読する人の思想の根元的なリズム作りになり、その人の気質や風格作りにさえなる読書法で、こちらは右脳読書法です。

明治のころ活躍した人は皆幼いころ古典を素読で、つまり右脳読書法で学んでいて、人間としての見事な風格を作り上げた人たちなのです。

音読、暗唱が作る素晴らしい頭

日本語や外国語のリズムは、私たちにどうして身に付くようになるものでしょうか。

それは古典といわれるような優れた文章をくり返し音読、暗唱することによって身に付くのです。

昔、幼児期に「四書五経」の素読をして育った人たちは、文豪となる基本をその時にもらっていたのです。

昔の人たちは、大人になると見事な漢詩を自ら作ることができました。

近頃の大人が、秀れた漢詩を作れないのは、幼児期に素読をする習慣がなくなったからだといわれています。右脳には、左脳にない機能が働き、入力された情報を、自動的に高速編集をして、出力する機能があるのです。幼児期に潜在意識の深い所に高度なるものが刻印されているほど、品格の高い、味わい深いものが出てきます。

ノーベル賞を受賞した湯川秀樹博士も、子どものころに「四書五経」の素読をして育っておられるのです。

湯川博士の兄弟は、芳樹、茂樹、秀樹、環樹《たまき》、滋樹《しげき》の五人の男兄弟に後二人のお姉さんがいました。

この五人兄弟は、母方の祖父小川駒橘《こまきつ》に毎晩素読を教えてもらって育っています。四書の次には五経、唐宋八家文、左伝、十八史略と読み進み、資治通鑑《しちつがん》の初めまで進んだといいます。

学業は決して一朝一夕になるものでなく、こうした背景があって、まれに見る学者一家が誕生したことを知らなくてはいけません。

幼児期に素読をやった人は、大きくなって外国語、例えばドイツ語を習う時に、複雑な変化表を覚えるのに、少しも苦労しない右脳が育っています。

普通の人には難しくて、なかなか覚えられないドイツ語の複雑な変化表が、すらすら頭に入るのです。幼児期に育てた右脳のおかげで、まるで働きの違う能力を育てているからです。

二歳、三歳、四歳といったころに暗記の訓練をした頭は、吸収力がまるで違います。吸収力だけではありません。そこから出てくる創造力も抜群なものになっているのです。

子どものころの、夜ごとの素読が湯川秀樹博士の中間子理論を生み出したといってよいのです。

中村正直のこと

福沢諭吉と並んで、明治の青年たちに大きな影響を与えた中村正直という学者がいます。正直は四八歳の時、東京学士会院創設時に創立会員に選ばれました。正直はこの時、「東京学士会院雑誌」に三つの論文を発表しました。その一つが「四書素読の論」というものです。正直はまず彼自身が幼児の時から受けてきた素読教育について語っています。

正直は三歳までに素読を習い始め、大学から始め、中庸、論語、孟子の四書を終え、五経に進み、唐詩選も習ったことを書いています。素読は、右脳記憶を育てるので、書を次々に完全暗唱することができるようになります。

一〇歳の時、学問所で素読の試験を受けて、甲科の成績でほうびに白銀三枚を与えられました。

この素読の試験は昌平黌という学問所で、林大学の頭、目付、儒者、列座の前で、四書五経、小学を読み終えた旗本の師弟が素読の試験を受け、その成績によって甲乙丙の三等級に分けられたものです。

一〇歳の子どもがこの試験を受けたのは、昌平黌始まって以来のことで評判になりました。

正直は三五歳でロンドンに留学したのです。素読のおかげで、英語を覚えることが非常に楽であったことを書いています。これは幼児の頃に開いた右脳のおかげです。

その頃の正直は、漢籍も手許にないのに、毎朝五時ころ、八家文、在伝、史記など朗々と暗唱したということです。

明治維新の後、洋学が盛んになるにつれて漢字が衰え、寺子屋で子どもたちが習っていた漢字の素読が全くなくなり、つまり、右脳教育がなくなって、仮名まじりの教科書ばかり読むようになり、習うものが意味の理解を主にしたもの、身近で底の浅いものになってしまったのは、かえすがえすも残念なことです。

黙読よりも音読を

読書においては、黙読よりも音読の方が脳力を育てるのに、はるかに効果があります。**声で発する振動音が脳力を開く**のです。

音読は人の潜在能力（右脳の能力）を引き出します。

日本の密教の開祖、空海は記憶術が好きでした。

そして、人々に記憶の脳力を磨くことを勧めました。

その方法として、真言をひたすら唱えることを勧めたのです。声に出して反復する。ただそれだけのことに、人間の深い能力を引き出す秘密があるのです。

人間は誰でも能力開発を夢見ると思いますが、能力開発でいちばん大切なことは声に出して唱えることなのです。

暗唱の振動音が脳の腔の中に響き、脳の深いところに隠れている秘密の振動音を持つところと、暗唱の震動とが共鳴して、奇跡が起こるのです。

音の共鳴が脳の深奥の回路を開くのです。

大正の初めの頃までに千葉県に住んでおられた山崎弁栄上人と呼ばれる偉いお坊さまがおられました。

上人は二二歳の時真我を開顕され（つまり右脳を開かれ）、数々の奇跡を顕されました。ある時は部屋にいて急に「〇〇さんが二〇分後に訪ねてくる。茶菓子の用意をしなさい」と言いつけられました。

すると、本当にその人が訪ねて来て、家人はどうしてそれを知っていたのか怪しみました。電話のない頃の話です。

上人に「どうしてわかったのですか」と聞くと、「こっちにやってくるのが見えた」という答えでした。

またある時は門徒から借りた自然科学の辞書を指でページを弾いて、一度で内容を記憶しました。

門徒が本当に記憶したのだろうかと怪しんで、あちこちのページに何が書かれてあるかと問うと、すべて正しく答えました。

上人はどのようにしてこのような能力を育てたのでしょう。

上人自身、二〇歳前後の頃、朝から晩までひたすらお経を口に出して唱えることで、その能力を身につけられたのです。

ひたすら声に出して唱えることで、脳の深奥に隠された能力が、**声の振動で共鳴して目覚めたのです。**

音読は右脳を開く、間脳を目覚めさせる

密教の行で大切なことは、ひたすら真言を唱えるということです。

この行は右脳の細胞を目覚めさせるのです。というよりも、もっと脳の深いところにある間脳を目覚めさせるのです。

これはいくら経典を読んでもだめ。論じてもだめ。ひたすら行すること。つまり真言を唱え続けることが大切ということです。

ところで、空海の言葉に「あらゆる名句。これ真言ならずということなし」という言葉があります。真言でなくてもよいのです。

声が大切なのです。声は超越的な実在であるという考え方を「声顕論《しょうげんろん》」といいます。

空海はこの「声顕論」を唱え、言葉によってこそ真実は次々に現れるといい、「依言本《いごんほん》質《しつ》」を説きました。

空海は「声字実相記《しょうじじっそうき》」に、声＝文字＝真言としています。

「初めに言葉ありき」という言葉があります。声音というエネルギーによって万物が創られたというのです。

言葉は創生の作用そのものなのです。

言葉＝マントラ＝言語本質と空海は唱え、言葉によって真実は次々と顕れると説きました。

再度書きますが、マントラ＝言語は、発声されるだけで物理的にも精神的にも脳に力を及ぼす超言語なのです。

但し、このような超能力的な能力を開くには、一度や二度唱えるだけではだめで、ひたすら唱え続けることが大切なのです。

どんな本を読むか

読書にもいろいろあります。どんな本を読むのがよいのでしょう。何よりも人として、いかに生きるかの本を読むことが大切です。

学問には二通りの学問がある、といわれています。一つは知識を得るための学問です。そしてもう一つは人としていかに生きるかを学ぶ徳慧《とくけい》の学問といいます。どちらの学問が大切かといえば、知識の向上より、徳慧の学問が遥かに重要です。**学問の本筋は、心を育てることにある**のです。知恵を学ぶことは教育の枝葉末節にすぎません。

元禄時代、京都にいた名高い篤学《とくがく》の僧侶で湛澂《たんちょう》という僧侶がいました。この人が出した本に『一言芳談《いちごんほうだん》』というものがあります。

この本の序文に「徳行は本なり。学問は末なり。人を教うるは又其の末なり。もし其の本来を知れば道は近し」という言葉があります。

昔の人は学問といえば「知識の修得」ではなく、「徳に生きることを学ぶこと」が本来の学問であることをみんな知っていたのです。

知識の学問だけを追えば、その人には風格というものが育ちません。人間として浅い道を歩くにとどまるでしょう。

読書は練心なのです。読書によって胆力を得るのです。胆力とは何があっても動じない心。不遇にあっても動じない心です。

古聖賢の書、または偉人伝を読み、心から感激し、発奮します。

その時に、どんな境遇にあっても動じない胆力が育つのです。

少なくともそういう読書の仕方を学びたいものです。

成功者たちは皆読書家

世の成功者たちはほとんど皆、読書家です。自分一人の考えではたいしたアイデアが得られず、本を読むことによって、成功の道筋を学ぶのが近道です。

成功者になりたい、あるいは金持ちになりたいと思ったら、その人たちの書いた本を読む。あるいは、その人たちの講演を収めたテープやCDをくり返し聴くのがよいでしょう。**成功者にまねるのが、成功のための一番の近道**だからです。

読書によって道を学ぶのです。知らない知恵を得、アイデアを得ます。

アイデアが豊かな人になりたいと思ったら、自分一人でアイデアを出そうと苦しむよりは、人のアイデアを参考にする方が、自分独自のアイデアを生み出しやすいものです。

新しいアイデアとは既存の情報のまったく新しい結合であるといわれます（フランスの科学者、ポアンカレの言葉）。たいていの優れた考えは、まったくオリジナルの考えというのは少なく、既存の優れた考えを少し加工して、別なものに創り変えているものなのです。

まったくそのまま使えば盗作ですが、加工してしまえば別なものになります。

発明者として有名なトーマス・エジソンに次の言葉があります。

「誰か他の人が用いて成功した目新しくて興味深いアイデア、そういうアイデアを探すことを習慣としなさい。あなたのアイデアは、今あなたが実際にかかえている問題への応用において、オリジナルで創造的であればよいのです」

目標を持って読むこと

読書には、多読と精読があります。どちらがよいのでしょう。私はその両方が必要だと考えます。

そのどちらかに偏してしまうのは考えものです。

多読で終われば、精緻《せいち》を得ることができません。

精読に偏れば、思想の幅が浅くなります。

その両方の間でテーマを持って読書するのがよいのです。

一日一時間、自分の専門分野の勉強を続ければ人の知らない多くの発見をし、その道のオーソリティーになれます。

そこで本を書けば成功します。


三年を目標に、そういう読書、勉強を続ければ一冊の本がまとまるでしょう。


テーマを見つけるときは自分の好きな分野からスタートすることです。学びたい分野の本をできるだけ数多く読みましょう。

私の場合は、二〇歳の頃から、人間の脳の不思議さに心惹かれるようになり、脳に関する本をひたすら求め続け、読み続けました。

おかげで今があると思っています。


私が最初に書いた本は『〇歳教育の秘密』というタイトルの本です。

小さな子どもの脳における秘密の働きについて書いたものです。

その分野の研究者が少なかったので、その一冊で注目されるようになりました。

それが世に出るきっかけです。

一方では別のテーマを持って読書の幅を広げました。

教育の面だけでなく、政治、経済、文学、美術、スポーツ……とあらゆる方面に手を伸ばしていったものです。

そのおかげで、今いろいろな方面の本が書けます。出版社の求めに応じて、様々なテーマの本が書けるのは、精読、多読を併用したおかげだと思います。

心の琴線に響いた言葉をメモする

読書は流し読みではいけません。流し読みではその時は感激しても、すぐ忘れ、すべてを忘却の淵に落とし込んで何も残らないことになります。

本を読みながら、自分の心の琴線に触れ、感銘を覚えた表現、ひらめいた思い、アイデアは必ずメモすることにしましょう。

成功者は皆、メモ魔なのです。エジソンも、ダヴィンチも、アインシュタインも皆膨大なメモを残しています。

メモをとることが成功者の資質の一つなのです。

本を読んでメモをとる習慣のある人は一〇〇人に一人だといわれます。また成功者も一〇〇人に一人だといわれます。

成功を願わない人は一人もいないでしょう。それなら今日からでも本を読んだら大切なところ、心の琴線に触れた表現、そしてひらめいたアイデアは必ずメモする習慣にしましょう。

私も二〇歳の頃から、読書しながら、心にとまった表現は必ずメモをとる習慣を身につけました。そうして、メモをとったノートを「心の泉集」と名付けて大事にしたものです。

その頃の本を読んで拾ったメモにこんな言葉があります。

「人は皆平凡な人生を生きているものだ。しかしそれを平凡でなくすることができる。それはその人の心の志の高さによる。自分の平凡な人生の中に隠された宝を見つけだそうとする精神の志向性による」

「人生の根本問題は何かを考える力を持っていること。それがその人の歩く道を人より次

元の高いものにする」

「人生とは我々が造るものであって、我々の全人格をかけて観察する方法である。平凡な見方をしてはいけない。物を見る時に、普通の人の見る眼鏡ではなく、自分独自の眼鏡で見ること」

メモをとることこそ熟読玩味の方法

本を読み、熟読玩味するのに、どんな方法があるのでしょう。

それは、私が思うには、書を読んで、ただ読みすごしをするのではなく、大切なところを抜き出して、ノートにメモをとることです。

メモをとることによって、それは心に深く刻み込まれます。

私はそのような思いで、「心の泉集」を書きとどめていったことは、前にも書きました。

その頃の「心の泉集」を読み返してみると、人間そのものについて知ろうと、その思いを強くしていたことがわかる次のような文章があります。

「本当の生きている人間とは何か。架空の観念上の、想像上の物語ではなく、現実のただ一回限りの生を生きている人間の物語である。ある一点で世界のあらゆる現象が後にも先にもただ一回限りの姿で出会う。だからどんな人間の物語も不朽で重要で、神々しい。どんな人間の生活も、自分自身へ行く道であり、道の試みであり暗示である」（ヘッセの言葉）

また次のような私の思いが書きとめてあります。

「言葉が私をとらえる。美しい響きのある言葉が良い本を読んだことに触発されて、心の中から出てくる。でもそれは、かげろうの如く書き留めないとすぐ消えてしまう。私は心の中に生まれてくるものを見つめながら過ごしてきた」

「美を見ようとする心が美しいものを見る。その心がないと、美を見過ごしてしまう。美はあちこちにある。人生の途上にいっぱいある。毎日の生活の中にもある。けれども人は美を見ないで、醜ばかり見ていないか」

よくメモをとること

当時私は小説を書くことで、文章修行の道を歩こうとしていました。だから、私の「心の泉集」の中には小説作法についてのメモがたくさんあります。

次はそのうちの一つです。

「ノートを何冊も用意せよ。あなたの記憶の中にある情報が数限りなくあるように思えても、実は思いの外少ないものである。小説を書くことを意識して、外界を見つめること。見て気づいたこと、思いついたことを、片っ端からノートに書きとめよ。常時、心にひらめいたことをノートに書きとめよ。せっかくの素晴らしいひらめきも書きとめなければ消えていくものである。小説を書き始め、ノートを活用する前は、結局は何も見ていないものである。自分自身も他人も世界もこの世もほとんど見ていないものである。それは画家が鉛筆をとるまで物の形を正しく把握していなかったのと同じである。見てはいるのだが、見ていないのである。他人を見る、世界を見る、外界を見る、必要以上に見るということは、自分の内面をのぞき込む以上に小説家にとっては大切なことである」

実際、ノートに書きとめることによって、どんなに多くのことが残っていくことでしょう。書きとめなければ、日々の生活はいっさいが、かげろうのように消えていきます。

ここでもう一度言います。成功の条件はよく読書すること。そして本を読みっぱなしにするのではなく、よくメモをとること。メモをとることには、記憶を留めるという働きばかりでなく、心を育て、磨く働きもあるのです。

メモのおかげで本を書くのが楽

メモは先人の知恵の貯金集です。これは本を買い、読むことによって得た知恵の貯金です。別の言葉でいえば、目には見えない資本財です。

そうして得た知恵、情報は、後に多くの利益を生み出します。

中国唐代の詩文を集めた書に『古文真宝』（こぶんしんぽう）というのがあります。

この本に「書を読めば万倍の利あり」とあります。「書を読めば何にも増して万倍の利がある。最高の利がある」といっているのです。

読書によって頭の中に貯えた知恵、あるいはメモをとった知恵が頭の中で独自の加工をされて、利益を生むようになるのです。

私の場合は、そうしていた知恵情報のおかげで、人々のお役に立つ本が書け、講演ができて、それが目に見える利になって返ってきています。

私の最初の本『〇歳教育の秘密』もそうしてメモをとった情報を、私独自のスパイス（味付け）を加え、世に送り、それが目に見える利益になって返ってきたものです。

読書に資本を投じることは、コツコツと貯金をためるよりははるかに大きな利を生み出すものです。だから若い人たちに、貯金するよりも、せっせと読書した方がよいですよとアドバイスしたいのです。

私が今、いろいろなテーマをもらって、次々に本が出せるのは、単なる乱読（多読）に終わらせず、テーマ毎にメモをとり、記憶を整理しているおかげなのです。

第五章　読書によって右脳を開く実践編

まず暗唱

暗唱こそが右脳を開くいちばん近道です。
暗唱の大切なことは第四章にも書きました。
ここでそこをさらに詳しく書いてみたいと思います。

本の読み方は先へ先へと急がない。毎日くりかえし読む、暗記するまで読む。終わって先へ進むという読み方が大切です。
広く、たくさん読んでも益はなく、一巻でも確実に、完全に覚えれば右脳の完全記憶が育ちます。そうして、記憶の質が変わり、後の学習を容易にするのです。だから必ず暗唱できるようになるまで読むことが重要なのです。

学習力が育たないのは浅い学習に留めたまま、先へ先へと進むからです。
熟読暗唱に心がけ、完全記憶を目覚ますと、優れた学力もそれによって育つものです。
特に、幼児期にそのような学習をすることが大切で、インドの子どもたちは、テキストをもらわないで、耳で聞いて覚えるという学習をさせられます。先生の発音を口まねして覚えるのです。覚えないと夕食抜きにされるので必死に覚えます。

それによって知識を獲得させようとしているのではなく、実は頭の質を変えようとしているのだと理解しなくてはなりません。

目で読んで記憶するのではなく、声に出して記憶するやり方の方が一段上なのです。

声に出すのは記憶力を増進させるよいやり方です。

声に出すことで記憶が脳の深いところに定着するのです。

それは幼児だけとは限りません。学校の生徒でも大人でも同じです。

学校の教育者の間では、「単なる暗記は意味がない。理解することが大切」と、暗記を否定し、理解を重要視する発言をなさる人がほとんどです。

そうして生徒たちに暗記を求めることをせず、理解させることを中心とした授業をしておられるのが普通です。

このことがどんなに子どもたちの脳力の発達を妨げ、本来の脳の働きを引き出せなくしているとか……。

理解力を中心とした授業のあり方を見てみましょう。

先生は生徒たちに教科書の内容を理解させることを主にしたレッスンをしています。

この授業の進め方では、理解力のある生徒たちは先生の授業についてきますが、理解するための基礎力を育てていない生徒たちは置いていかれます。

そこでテストをすると、理解力のある子は高得点を取り、理解力のない子は低い点しか取れず置いていかれます。

先生はそこで、下位の生徒たちをどうすることもできず、中位から上の生徒たちに照準を当てたレッスンを進めます。

そしていいます。「できる生徒たちを伸ばすのは易しいけれど、できない生徒たちを伸ばすのは難しい。誰かできない生徒たちを伸ばす方法があれば、教えてほしいものだ」と。

このやり方の授業では、生徒たちの理解力を求めながら、理解力を育てることができないのです。

完全な記憶をさせる授業をするのがよい

ではどうすればすべての生徒の理解力を育てることができるのでしょうか。それは簡単なことです。すべての生徒に一〇〇点を取らせる授業をすればよいのです。

どうすればすべての生徒が一〇〇点を取るようになるのか。簡単です。同じテストを何度もくり返せばよいのです。そうすれば一人残らず一〇〇点を取るようになります。

でも普通、先生方はそのことにあまり大きな意義を見出されずにいます。記憶を完全にすれば、理解も完全になることを、どうしてわからずにいるのでしょう。

数学でいえば基本の公式が完全に記憶されていないから、その後の説明をいかに丁寧に、理解できるようにしてもダメなのです。基本の記憶が怪しいから、次の理解が難しいのです。

基本を完全にくり返して記憶させればよいのです。くり返しによる完全な記憶を求めてすべての生徒たちが一〇〇点を取るようになれば、すべての生徒たちの記憶力がよくなり、理解の質が変わり、頭の働きそのものを変えてしまいます。

「くり返しが天才を育てる」――これが頭の素質を育てる公理です。天才を育てるのは簡単です。生徒たちに完全な記憶をさせる訓練をしてあげればよいのです。

S中学での実験

三〇年前のことです。東京のS中学校では、生徒たちの成績が悪く、高等学校への進学率は非常に低く、先生たちは頭を痛めておられました。

一人の先生が、「この生徒たち一人ひとりに完全な記憶をさせよう。そのためにはくり返し同じテストをして、すべての生徒たちに一〇〇点を取らせよう」と発案されました。

すると生徒たちは、自分たちでもくり返し勉強すれば一〇〇点を取ることができることを知り、学習に興味を持ち、みんなが競って自分の成績を向上させることに興味を覚え始めました。

するとどうでしょう。初めはすべての生徒が一〇〇点を取るのに何回もくり返さなくてはならなかったのに、次第にテストをくり返す必要度が減っていったのです。

生徒たちは学習の仕方を学んで、どんどん習ったことを記憶することに努めました。するとどうでしょう。生徒たちの記憶の質が変わり、理解力が高まり、頭の質を変えていったのです。

結果はどうなったでしょう。進学率98％という、これまでの教育の歴史上、例を見なかったほど偏差値が高くなり、頭がよい生徒たちに変身してしまったのです。

暗記が学問の基礎

致知出版社から発刊された『人生力が運を呼ぶ』という本があります。

木田元先生と渡部昇一先生の対談集です。この本の第五章に「暗記のすすめ」という項目があります。

木田元先生は一九二八年生まれ。現在中央大学の名誉教授で、哲学者です。渡部昇一先生は一九三〇年生まれ。上智大学の名誉教授で、幅広い評論活動、著述活動をしておられます。

この項目の中で、お二人は次のように対談しておられます。

木田　ところが最近、暗記はまるではやりませんね。暗記は機械的な営みのように受け取られ、考えたり理解したり、ひいては創造したり、といったことをスポイルするかのような言われ方をしている。しかし、これは順序が逆だと思うんですよ。誤解を恐れずに言えば、何をするにしても、まず最初に暗記ありき、と断言していいとさえ私は思っているのです。

渡部　暗記に集中したことがない人が暗記を軽視するんですよ。暗記が教育をスポイルする、というよりも教育に反するような言われ方をするようになったのは、学園紛争以後、教育の場で個性とか創造性とかがしきりに言われるようになったことと軌を一にしています。理屈抜きでとにかく覚え込む。このような営みは個性を疎外し、創造性をつぶすという考え方ですね。

木田　そこが逆なんですね。

渡部　逆です。とにかく暗記する。だが、人間の脳みそというのは、暗記したものをそのまま積み重ねて置いたりはしないようにできているんです。必ず暗記したものを組み合わせて、その上に創造性を発揮する、そういうふうになっているんです。何の材料もなしに、どんな個性が出てくるんですか。どんな創造性が発揮されるんですか。私はね、そもそも教育が個性や創造性を目標にするのが間違っているとさえ思うんです。教育はまず暗記を目的にすべきですよ。暗記によって蓄積したものが豊富であればあるほど、教育なんかしなくても、個性や創造性は自ずと出てきて、発揮されるものですよ…。

木田　私もそう思いますね。

当代の二人の碩学が口を揃えて、暗記こそが学問の基礎だと強調しておられるのです。

完全記憶が右脳の神秘力を開く

誰もが知らなかったことがあります。それは完全記憶を目指せば、右脳の神秘力が開けるという事実です。

ここでいう完全記憶とは、完全な記憶の上に、さらに完全な記憶を求めるという記憶のあり方です。

例えば徳川後期の日本が生んだ偉大な国学者、塙保己一は五歳の頃から盲目になり、聞いたことすべてを暗記して頭に収めなくてはなりませんでした。

保己一は完全記憶を身につけていたのです。でも初めから完全記憶を身につけていたわけではありません。むしろ記憶力は悪い方だったのです。

それがどうしてそのような記憶力を身につけたのでしょうか。保己一はある時、自分の記憶力の悪さを嘆き、優れた記憶力を身につけるために、一日一〇〇回般若心経を唱えることを心に誓います。

それ以来生涯欠かさずに般若心経を毎日一〇〇回唱え続けたと言います。唱え始めて一か月も経つと、保己一の頭の働きは変わってきました。記憶力がよくなったばかりか、理解力まで優れた頭脳に変わっていったのです。

密教暗記法というものがあります。特に有名なのが求聞持法《ぐもんじほう》という記憶法です。求聞持法については「この法を成《じょう》ずれば、即ち聞持《もんじ》の力を得て、一度耳目《じもく》にふるるに文義ともに解す。これを心に記して永く、永く遺忘《いぼう》することなし」（この方法を完全に成し遂げれば、記憶力が優れて、一度見聞きしたことは深い意味まで理解し、心に刻み込まれて一生忘れることはない）――こういう記憶法があるのです。

お坊さんはどうして長い経文を何も見ないでスラスラいえるのでしょう。くり返し、くり返しお経を唱えるので、いつの間にか読んだことが頭にスイスイ入るようになってしまうのです。右脳の神秘的な記憶力を用いているのです。

暗唱が記憶力をよくする理由

暗唱というのは声を響かせて唱えることです。別の言葉で言えば、肉体的振動音を頭の深層部に送り続けることです。

実は振動音に人間の脳力を深める秘密があるのです。かつて記憶の本に、脳のそのような秘密を説いた本はありませんでした。

記憶には浅い記憶から、非常に深い記憶までの、幾層もの段階があるのに、それに気づかず、浅いレベルの理解で終わっていたのです。

脳の深層部に深い記憶力を発揮する秘密の部分があって、そこを目覚めさせるのは振動音なのです。

この世界は目に見える部分と、見えない部分から成り立っています。

目に見える世界は三次元的な世界です。目に見えない部分は四次元界で、肉体より高い高次元世界なのです。

次元によってバイブレーションの振動数は異なっており、次元は振動音によって開かれます。このことを「バイブレーションの法則」といいます。音の響きを利用すれば人は深い脳力を開くことができるのです。

右脳は波動の世界に対応する脳で、この脳を開くには暗唱の振動音が役立つのです。

暗唱はすべて聴覚野を通して脳の深層部へ入っていきます。

音の響きが聴覚野を通して脳の深層部への回路を開くのです。

聴覚が脳力を開く関門

聴覚こそ脳力を開く関門です。

小さな頃から親がくり返し本を読んで聞かせると、子どもは聴覚による記憶回路を開いていきます。

視覚回路より聴覚回路の方が重要なのです。

聴覚には不思議な働きがあるのです。耳は身体の中核、脳の関門なのです。

仏教や他の宗教においても、声や音、聞くことを大変重要なこととして捉えています。密教では「求聞持法」があって、真言を唱えることによって脳を開き、超能力を身につけます。

病院でも音楽療法として、入院患者に音楽を聴かせて病人を癒しているところがあります。

自閉症という子どもたちがいますが、この子たちは胎児から乳幼児期にかけて、心理的障害のために耳を閉ざしてしまい、そのために聴力が低いレベルで固定してしまった状態であると聴力の研究で著名なトマティス博士はいい、電子耳で音を聞かせることによって、耳が開かれ蘇生するといいます。

セシルは四歳の頃から言葉の遅れがあり、両親は小児科医、心理療法士、専門の心理学者、言語矯正士、いろいろなところへ連れて行かれましたが、医学上の問題ではなく、性格の問題とされて、治療法は見つかりませんでした。

ところが一二歳の時、耳の治療を行う専門機関トマティス療法を知り、センターにやってきました。するとトマティス博士は「このケースは解決できるし、失われている能力を取り戻すことができる」というのです。

両親は耳を疑いました。どこへ行っても治療法はなしとされていたからです。

電子耳をつけて、一五日間のトレーニングを行うと、セシルはこれまで何度も聴いていた曲を聴いて、突然「この曲は今までと違うまったく別の音楽に聞こえる」と叫び、自分の声も「今、初めて自分の声が聞こえる」といったのです。セシルの耳が開いたのでした。

暗唱で脳力を開いた人

古来から暗唱で脳力を開いた人がいっぱいいます。

けれどもそれが暗唱のおかげだとは気づかず、その人だけに授けられた特別な能力ととってしまうために、一般の学習法とはならずに過ぎてきたのです。

最近T・Fさんという方からお便りをいただきました。

この方は小学校から中学、高校を通してずっと学年一位を通してきた方です。その自分の脳力の秘密が暗唱によって右脳を開いた結果であったと知って手紙をくださったのです。

その手紙を紹介させていただきましょう。

「私は小さい頃、短い期間でしたが『只管暗唱《しかんあんしょう》』（ひたすら暗唱）を行い、理解せずにひらすら読むだけで自然に覚えてしまい、何冊も教科書を一字一句丸々覚え、学校中で噂されるほどでした。

今になってやっとそのわけがわかったのです。

それは七田先生の唱えていた『只管暗唱』でした。

大半の人は『記憶』と『思考力、創造性』とは全く別物で記憶がよくても記憶以外には何の役にも立たないという認識ばかり持っています。

これに対して、七田先生は『すべての知識の基本は記憶にあり、思考力や創造性の基本は記憶にある』と唱えています。

実体験した自分を例に挙げますと、全くその通りです。

全教科の内、ずっと学年一位を貫いてきたのは数学、物理、そして化学でした。特に数学の方では東京都一位をはじめ、全国一位まで達したことがあります。私自身の数学における強さの秘密は記憶にあり、つまり私にとっては記憶あっての数学でした。

振り返ってみると、当時はあらゆる数学、物理の問題を目で見て解いていくうちにいつの間にか自然にその解答方法を覚えてしまい、それをベースに応用してさらに難しい問題を解いていくのです。今になって理科系教科の基本はやはり記憶にあると確信できたのです。

その他、中学三年のIQテストで数十万人に一人という記録を出したことも今になって考えてみるとその秘密はやはり記憶にあるかもしれません」

それから脳に大量高速インプット

また、T・Fさんは、記憶について次のように書いてます。

「今まで世の『記憶』に対する認識を一変させたのも七田チャイルドアカデミーでした。

類をみない常識はずれの記憶力の披露、何ともいえないその自然さ、まさに長年自分が夢見ていたものでした。

その時から、自分が時間を見つけてはいろんな書店で七田先生の著書を読み漁り、重要と思われた箇所をまとめてみたところ、驚いたことには、その中に特に自分の過去の体験と酷似したいくつかの例があったのです。その一部を挙げますと『只管暗唱』『思考力や創造性の基本は記憶にある』『脳に大量高速インプット』『耳で覚える記憶力の方が質がよい』などです」


暗唱の次に大切なのは、脳に高速で大量インプットすることです。

その時に記憶しよう、理解しようと心がけてはいけません。左脳は記憶を求め、理解を求める脳です。

右脳は記憶を求めず、理解を求めず、ひたすら機械的に音読をくり返すのがよいのです。

その音の刺激によって聴覚回路を開いてしまい、聴覚回路が開けると、脳力が変わってしまいます。

人間の脳には今使っている集積回路とは全く別の集積回路があるのです。

この回路が情報を高速大量インプットすることで開けるという脳の秘密を、世間一般の人はまだ知りません。知れば学校教育も変わってしまうかもしれません。

ドミニク・オブライエンの例

ドミニク・オブライエンは世界記憶力コンテストで八回優勝したチャンピオンです。ところが面白いことに彼は小学校の頃、失読症のため学校の成績が悪く、一六歳の時には学業を断念しているのです。

ところがある時、クレイトン・カーベロという記憶術師が無作為に切ったトランプを、わずか三分に満たない時間で順番を覚えてみせたことに刺激を受け、自分でもこの脳力を育ててみたいとチャレンジを始めるのです。

彼は記憶法を学び、三か月間に渡る特訓を開始しました。その結果、彼は自分の内に隠れていた右脳の記憶の脳力を目覚めさせてしまうのです（もっとも、それが右脳の記憶だとは書いていませんが……）。

彼はその結果、記憶力だけではなく、優れた思考力、創造性をも身につけ、そうして学校でなぜ記憶について教えないのだろうと疑問を持つのです。

ここにもこのような例がありながら、それが普通の記憶、つまり左脳の記憶とは違った右脳の記憶という認識がないために、人にうまく伝えることができなかったのだと思うのです。

四倍速の高速視聴読訓練が右脳を開く

日本人は英語を目で学んでいます。これを耳で学ぶようにすると、日本人の語学力は急速にアップするでしょう。

言葉はもともと耳で聴いて学ぶものです。それを教科書中心で、訳読方式で学ぶので、一年経っても英語が話せない生徒たちを大量に育ててしまいます。

このやり方を変えて、ネイティブの吹き込んだＣＤを聴かせるやり方で英語を学ばせましょう。しかもそのＣＤは、ノーマル・倍速・四倍速で吹き込んであるＣＤが望ましいのです。

このCDをテキストを見ながら、一日一五分、一か月聴き続けましょう。するとすっかり聴き取れる耳に変わります。ただ聴くだけではなく、CDに合わせてそのスピードで英語を話す訓練を同時に続けましょう。

この訓練の仕方を「高速視聴読訓練」といいます。

高速視聴読訓練をすると、それは左脳への入力ではなく、右脳への入力になります。左脳は低速リズムで働く脳なので、そのように速いスピードで入る情報には対応できず、右脳に対応を任せるので、右脳が活性化され、情報が右脳に入力される結果になるのです。

右脳には左脳にはない次の二つの機能が働いています。

・高速大量記憶機能

・高速自動処理機能

そこで、高速で大量に右脳に情報が入力されると、まず記憶の質が変わり、頭の働きが変わります。今までと違って右脳の記憶が働くようになるので、学習が楽になります。大量のことが容易に覚えられる脳になり、おまけに頭の回転がよくなって、ひらめく頭に変わってきます。

右脳には高速自動処理機能も働いて、そうやって大量に取り込まれた情報間に、意識的ではなく、自動的（オートマティック）に法則を見つけ、入った情報を自由に加工、編集して出す力があります。

そのため、高速視聴読で勉強すると、何とやがて英語が勝手に口から出て来るという、そんな体験をするようになります。


実際にそういう体験をなさる人たちが増えていて、次のようなお便りを次々にいただいています。


「先日、カナダとアメリカに行く機会がありましたが、高速視聴読をしていたおかげで、ネイティブの速い英語もほとんど聴き取ることができました。

もちろん一字一句聞き取れるものではないのですが、ポイントになる言葉を無意識に聴き取っていたのだと思います。これは、高速で毎日ひたすら聴き続けた結果で、英語感覚が身についてきたからではないか……と勝手に思っています。

また、話す方も、最初は一つひとつだったのですが、途中から不思議と考える前に言葉が出てきて、うまく表現できないのですが、文の最初を言い始めると、後の言葉が芋づる式にスラスラと出てくるというのでしょうか。そんな経験を何度もして、『あれ？　今、何て言えたんだっけ……』と、後から自分の言った意味を思い返して、ちゃんと英語を言っていたことに感動したりもしました。これも高速音読の成果かもしれません」

（K・Tさん／男性）

読書にこんな方法があったのです。

第六章　アウトプットの方法

読書にとどまらず文章を書くのが成功の鍵

誰でも成功を願わない人はいないでしょう。ところで、成功とは何でしょう。辞書を引いてみると、「目的、志を達すること。立身出世をすること」とあります。

人は目的を持って何かをするわけです。それがうまく達成できることが成功でしょう。もう一つの成功は大きく志を遂げて世に出ることです。でも必ずしも立身出世でなくてもよいわけです。自分のしていることが世の中に大きく役立ち、人々の幸せになることをどんどん実現できるようになっていくことが成功ではないでしょうか。

あるいは、別にびっくりするほどの大金持ちにならなくても、今やっている仕事がうまくいき、世のお役に立つことが成功ではないでしょうか。

ところで、成功学というものがあります。これは日本の学校では教えませんが、アメリカの高校では成功学という学課があるのです。例えば「ジグ・ジーグラーの成功学」は五〇〇以上の高校のレッスンに組み込まれているといいます。

成功のためにはいろいろな方法があると思いますが、ここでは本を書いて世に出ることにしぼって書くことにします。

竹村健一、大前研一、堺屋太一、船井幸雄、渡辺昇一、最近では、神田昌典、本田健といった方々が、本を書くことによって世に出ていかれました。かくいう私も、本を書くことで成功できたのではないかと思っています。

本を書くことは成功への近道なのです。

本を書くと仕事がどんどん発展する

すべての人が自分の専門を持ち、優れた知識や技能を持っておられます。誰でも自分の得意分野では、人に知られない、特に秀でたものをきっとお持ちだと思います。

けれども、それを広く知ってもらわなくては、自分の仕事は広がりません。では、どうすれば一番うまくそれを世に広めることができるのでしょう。その一つが本を書くことです。

自分が一冊の本を書くということは、自分がその道のプロであることを世に訴えることです。

そうして本を書いたら人生が変わります。嬉しいことが次々に起きてきます。

私の例を話してみましょう。

私は二十代の後半頃から幼児教育に関心を持ち、あるとき『〇歳教育の秘密』という題の本を、自費で三〇〇〇部出しました。

それは私が四七歳の時で、それまでコツコツ研究してきたことを、世に問える時期が来たと感じ、思い切って自費出版にふみ切ったのです。

本が書店に並ぶようになって三日目のことです。大阪の新幼児教育研究会の会長で、小路幼稚園の井上文克先生が、なんとわざわざ田舎町の私の住む江津まで、著者である私を訪ねて来てくださったのです。

そして「この本に書かれていることは真実だ、と思った。私の幼稚園に来て、父兄に話をしてほしい」というお話をいただいたのです。

これが始まりです。以後、どんどん発展していくのです。それまで田舎にいて無名な存在であった私が世に出るきっかけになったのです。

本を書くと奇跡がどんどん起きる

井上先生の幼稚園でお話をすると、それが好評で、「新幼児教育研究会の大会が三か月後、成田のビューホテルで開かれる。ついてはその時、四五〇名ほどの会員に今のような話をしてほしい」と話が展開し、そしてその大会で行った講演がまた大好評だったのです。

その場で七つの園から、「私の園にも来て話をしてほしい」と予約をもらいました。

話はそれだけではありません。私の自費出版の本が出て、ちょうど一か月経った時、日本経済通信社という出版社の社長さんが直々に電話をかけて来てくださったのです。

「第二冊目の本を私のところから出させてほしい。ベストセラーをめざしましょう」という話でした。ついては飛行機代も送るし、「ホテルオークラ」に、スイートルームをとっておくから、打ち合わせに上京してきてほしいという、夢のような話でした。

本を書くと奇跡がどんどん起きるといわれますが、私の場合、まったくその通りでした。ここから、まったく無名の私が世に出ていく道が開けたのです。

成功者に学べ

成功を願うのなら、成功者に学ぶのが一番近道です。
成功者のことを調べて、それを本に書いて成功するというのが一番近道かもしれません。
事業が成功するには「成功の法則」というものがあります。それを探し出して、自分も成功者の仲間に入りたいと考えたのがナポレオン・ヒルでした。ナポレオン・ヒルは成功学を説いた最初の一人でした。彼は本を読むことによって成功するというルールを知り、それを元に成功学の本を書き、それがアメリカ中に広がって、これがアメリカン・ドリームのきっかけとなりました。

ナポレオン・ヒルは成功学の本を書くことによって、一躍成功者になりました。彼の書いた最初の成功学の本は三〇〇〇万部を超える売り上げを記録し、今も数多くの外国語に翻訳されて出版が続いています。

成功者たちのことを調べて本に書き、ベストセラーにして成功する。これが一つの成功

パターンです。

あるいは、自分自身の成功ストーリーを本に書いて出し、広く世に出ていく人たちがいます。いずれにしても、本を書くことが、広く世に訴え、知られることになるのです。

本を書いても、ただ待っていてはダメ

本を出してもただ待っていてはベストセラーにはなりません。ベストセラーはしかけられるという言葉があります。出版社がしかける他に、著者自身がしかける必要があるのです。

本を書いたらまず、自分の住む地元の新聞社にプレスリリースを出しましょう。その時必ず一冊本を添えて送りましょう。

プレスリリースとは、情報を出版社に届けることをいいます。新聞、雑誌、テレビなどは、毎日放送する情報を求めているものです。それに応じて、「初めてこんな本を書きました」と、自分の方から情報を伝えると、それが新聞や雑誌、テレビなどで取り上げるに

ふさわしいものであると判断された場合、報道してくれるのです。

そうしてメディアに取り上げられると、本はよく売れることになります。

Oさんは、私のアドバイスに従って、自分の書いた本を地元の新聞社にプレスリリースしました。

新聞社が大きく記事に取り上げてくれたので、それを持って書店巡りをしました。書店ではその記事を目立つように貼ってくれ、その下にOさんの本を積んでくれたのです。そのため、初版三〇〇〇部がすぐはけ、二刷目がかかったそうです。

テレビや新聞などにニュースとして取り上げられた様子を、チラシやパンフレットに紹介しましょう。

すると、メディアに取り上げられたということが値打ちとなって、口コミが発生します。

今度は読んだ人が知人に、「あの本はいいよ」と勧めてくれ、これがばかにならない爆発力になるのです。

口コミを利用する

日野佳恵子さんという人が書いた『クチコミュニティ・マーケティング』（朝日新聞社）という本があります。商品を広めるには、口コミを利用するのがよいということを書いた本です。

日野さんは自分自身の会社を、顧客の口コミによって発展させた人です。この本は口コミによって仕事を広げる方法を書いており、一読に値します。

数年前、政府は全国で活躍する女性を顕彰する制度を作りました。日野さんはその「女性チャレンジ賞」を贈られた受賞者六人のうちの一人で、九九年にはアメリカの経済誌『フォーブス』の日本語版「日本の女性社長一〇〇人」にも選ばれた人です。

「Her Story」という会社を広島で、仲間と二人で誕生させ、一〇年間で今や会員数一〇万人にまで広げました。

『クチコミュニティ・マーケティング』には、口コミによる手法で、会社を広げていった成功物語が書かれています。

この本に書かれている、会社を口コミによって成功させる方法は、マスコミ取材だけにとどまりません。口コミがいかに成功のためのよい方法であるかを、自分の実践の中からルール化して説いているので、ぜひこの本は読みたい本です。

アイデアが豊かに出せる人になる

成功者は本をよく読みます。本をよく読んでそこからひらめきやアイデアを得るのです。本を書くためにも、アイデアが必要です。

成功するための絶対必要な要因の一つは、アイデアです。アイデア一つで世の中に出ていく人たちがいます。若くして成功するタイプはこのタイプかもしれません。

他の誰も考えつかないことを考えて、それを事業化し、世に出ていくのです。

ＩＴ時代の今は、ＩＴを利用したアイデアで世に出る人たちがいっぱいいます。

アイデアが何もないところから生まれるということはめったにないのです。新しいアイデアの大部分は、何らかの形で以前から存在していたものです。それらを本を読むことによって、普段からよくメモしておき、メモをとることがひらめきの要因となり、メモ魔であることが成功の要因の一つといわれるのです。

だから、本をたくさん読み、そしてそれを読みっぱなしにせず、必ずメモをとるようにしましょう。

アインシュタインも、レオナルド・ダ・ビンチも、エジソンも、ダーウィンにしても大変なメモ魔であったと伝えられています。

社員から豊かなアイデアが出る会社は成功するといいます。そのような会社では、アイデアに関する手引き書が、常に書架に置いてあって、社員たちのアイデアを豊かにするように努めるのだそうです。

個人であっても、本を書いて世に出るには、アイデアをまず豊かにしなくてはなりません。

本は誰にでも書ける

本は誰にでも書けます。自分の体験をまとめて書いて、本にすればよいのです。本になるかどうかは、実は材料集めにかかっているのです。材料さえあればもう90％できあがったも同じです。

あとの10％はまとめる作業です。

材料はあなたがこれまで自分の仕事を通して学び、体験したことがあれば十分なのです。

人は自分の体験から、自分だけしか知らないという隠された真実を拾い、周りの人に告げたりすることがよくあるものです。

それを周りの人だけでなく、日本中の人に知ってもらおうとするには、やはり本に書く以外にありません。

ところが自費出版をするにはお金がかかり、したくてもできないと考える人がほとんどです。

でも、時代がすっかり変わってしまったのです。

出版社を通し、書店を通さなければ本は売れないという時代ではなくなっています。

ＩＴ時代の現代はインターネットを通じて、日本中のどこにいる人にでも、情報が届けられ、本が売れる時代になっています。

ですから、ぜひ本を書いて世に出ましょう。

そのためには、やはり勉強が必要です。つまり、本をたくさん読まなくてはなりません。

本をよく書くためには、本をよく読まなければならないのです。

一つの本から一つずつの本を書く知恵を得ても、一〇〇冊読めば一〇〇の智恵が身に付きます。

すると自分自身の見方、考え方、意見が育ち、独自のものを生み出せるようになります。

加えて自分自身しか知らない秘密の発見があれば、鬼に金棒です。

また、次のような本を読んで参考にするのもいいかもしれません。

『普通の人が本を書いて怖いくらい儲かる秘術』わらし仙人著／総合法令出版
『常識破りの日本語文章術』松永暢史著／主婦の友社
『速効ビジネス』平秀信著／フォレスト出版

『いますぐ本を書こう！』ハイブロー武蔵著／総合法令出版
『しろうとでも一冊本が出せる24の方法』横田濱夫著／祥伝社黄金文庫
『あなたにもできる「売れる本」の書き方』畑田洋行著／プロスパー企画
『いつかぼくは一冊の本を書く』盛田隆二著／フレーベル館

テーマを持つことが大切

本のよい読み方は、自分なりにテーマを持って読むことです。本当の学びとは一つのテーマを追求することです。

その結果として発明、発見、創造が得られるのです。それを可能にするのが追求です。ノーベル賞はどういう人に与えられるのでしょう。発明、発見、創造が評価されて与えられるのです。日本で初めてノーベル賞を受賞したのは湯川秀樹博士です。

博士は天才とは何かと問われて、「天才とは執着である」と答えました。

博士のいう執着とは「一つのテーマを持って、そのテーマに執着し、追求し続けること」ということに他なりません。

知識や技術を学ぶことが大切なのではありません。一つのテーマを追求し、発明、発見、創造を心がけることが何より大切なのです。

そうして発明、発見、創造したことは表現されなくてはなりません。表現は何によってなされるか。文章に表現することによってなされるのです。

ですから、作文力を磨くことが大切です。作文に力を入れると、考える力が育ち、表現力が磨かれます。構成力が育つのです。

ところで作文とは何もないところから、自分の頭でつくり出して文にすることではありません。集めた内容あるいは素材を編集、構成することです。

英語では作文のことを composition といいます。これは構成、あるいは組み立てという意味です。compose するとは組み立てる、構成するという意味なのです。

作文が何もないところから文を作るのではなく、材料を集めて構成することであるとわかれば、文を書くことは簡単です。

作文は材料集めが八、九割で、後の一、二割が構成です。材料のストックが増えれば、書くことは簡単です。


だから一つのテーマを持って本を読み、大切な箇所をメモし、ストックに努めることが大切なのです。

一つのことを追求すると新しい発見がある

私の場合は、脳の研究を一つのテーマにしました。大学生の頃、家庭教師をしていて、五分前に学んだことを覚えていることができないという子に出会って、「こんな子もいるんだ」と驚いたことに始まります。

それまでは、人間の素質にはあまり違いはなく、ただ「やる気」と「努力」次第で、どの子も賢くなるものだと思っていました。

ところが、いくら努力しても頭に入らないという子に出会ったのです。

そこから疑問が発生しました。

人間の能力には生まれつき差異があるのか。それとも教育次第で変わるものか。この疑問が生じたのです。

そのことから脳についての研究と学習法の研究を始め、その疑問を追求していったのです。

そうして今は脳に関して人の知らない多くの発見をしました。左脳と右脳の区別があり、左脳の意識と右脳の意識、左脳の記憶と右脳の記憶では違うこと、その違いを知って、世に発表することを始めたのです。

世間はまだ左脳と右脳の機能の違いをよく知りません。意識に二つの違いがあることを明確にしていないのです。

わかればいろいろな違いがはっきり見えてくるのに、二つを混同して、AかBかと論じ合っています。その両方があることを知らないで、一つの脳の働きだけを考えているために混乱を生じているのです。

左脳と右脳では働きが違うのです。その違いに気づかず、一つの意識の働き、一つの能力の延長とみるために、矛盾が生じ、説明がつかず、混乱することになります。

右脳の意識のことをもっと知ろう

脳の意識活動の起源に関する二つの学説の対立がありました。

一つの学説は「脳が活動するためには外部からの刺激を必要とする」とする学説でした。もう一つは、「脳の活動は必ずしも外部からの刺激を必要としない」とする学説です。

この二つの学説の対立に決着をつけたのは、アメリカ国立精神衛生研究所の脳科学者、ジョン・C・リリー博士です。

博士はある外界からの刺激を全く受け取ることのない特別な装置を開発し、自らその装置に入って実験した結果、脳の活動は必ずしも外部からの刺激を必要としないということを立証したのです。

博士の実験は、学説の対立に決着をつけたにとどまらず、博士はその装置の中で深い変性意識状態を経験したのです。

その装置に入ると、イメージを鮮やかに見ることができ、体外離脱も経験しました。

その経験はあまりにも鮮明で、現実的であるために、外界の出来事と区別がつかないほどでした。

博士はその経験によって、日常の刺激源から解放されたこの独特の環境の中では「心や中枢神経が、未だかつて覚えのない方法で機能するということが判明した」といっています。

意識には二通りの意識があるのです。外界からの刺激を感覚器を通して受け取る左脳の意識と、外界からの刺激なしで、自律的に映像を生じさせる変性意識、つまり右脳の意識があるのです。


ここでも二つの学説の対立という混乱があります。

この二つの学説は、一つは左脳の意識の働きをいったものであり、もう一つは右脳の意識活動のあり方を述べたものであるのに、一つの脳の働きと見るために、一方を否定するという見方になってしまうのです。

脳にはもう一つの脳、間脳がある

脳には実はもう一つの脳、左脳と右脳に挟まれて二つの脳の下部に位置している間脳があります。

そして左脳も右脳も、すべては間脳に結びついています。

そこで、間脳の働きについて知らなくてはなりません。

右脳に働く能力回路を第一信号系といいます。左脳に働くのは第二信号系です。

第一信号系、第二信号系というのは生理学者パブロフの唱えた概念で、パブロフは夢の研究から、夢は外部から脳に入る興奮からだけではなく、胃腸その他の内臓諸器官の興奮から、神経回路によって大脳の心理器官に伝えられて脳が見る映像現象を夢であるとしました。

それを内部的第一信号系とし、外界からの第二信号系と分けたのです。

私の説はそれとは違います。第一信号系は原始信号系ともいうべきもので、第一信号系は五感の働きを必要とせず、細胞が波動で情報を受け取って、それをイメージに変えて脳が認識するのです。

つまり、頭脳知ではなく、細胞知なのです。

右脳の能力回路は原始信号系で、波動で情報を取ることが可能な回路なのです。一方の左脳の能力回路は、五感信号系で、外部からの情報を受け取るのに、五感の感覚器を必要とします。

この両方を管理する脳があって、それが間脳です。人間は間脳を通じてすべての感情や思考、行動などの機能を支配しているのです。

間脳にはもっとも深い脳の働きがあります。人間は脳力を深めると、波動で本の内容を読みとる波動速読さえ可能なのです。

第四章で書いた山崎弁栄上人の読書法は、まさにこの波動読書法に他なりません。

間脳に情報を入れる方法を学べ

人間の能力の最高のアウトプットを得るには、間脳に情報を入れる方法を知らなくてはなりません。それには簡単な方法がいくつもあるのです。ただ知られていないだけ。

実際は昔から伝えられているのに、超常的ととらえられているために、誰もがあまり真剣に受け取らないでいるだけです。

その方法にどんな方法があるのか。

その第一は、たった一つの文句を、際限なく百万遍もくり返すことで、脳の深奥の秘密の腔に達することによって、脳髄の反射機能を自由にコントロールできる状態になるのです。

これを脳の優性形成といいます。

この秘密は古代から東洋の民衆、キリスト教徒などに広く伝えられてきました。

東洋ではそのような言葉を真言といい、あるいはマントラといいます。

古い昔の教示の一つに、「一日一回、三千の祈りを行え。絶えず唱え続けよ。すべてを忘れて唱えよ。一切を忘れて集中して行え」というものがあります。

それに注意が集中される時にだけ、効果が現れるというのです。

それによって強力に、長期に渡って作用する優性が大脳皮質に生じるといいます。

これが優性形成の主条件といわれるものです。

前述しましたが、弁栄上人はこの方法によってご自身のすばらしい能力を開かれたのです。

上人の言葉。

「読んだってわからない。論じたってダメ。ひたすらお経を声に出して唱えなさい」

上人自身、二〇歳前後の頃、朝から晩までひたすらお経を口に出して唱えることで、その能力を身につけられたのです。

ひたすら声に出して唱えることで、脳の深奥に隠された能力が、声の振動で共鳴して目覚めるのです。

実は、これこそ究極の脳力開発法なのです。

第七章　右脳読書法（スーパーリーディング）実践講座

右脳読書とは

ここまでみてきたように、自分の読書環境を意識的に右脳を使うように整えていくと、あなたの脳力はみるみる開発されていきます。

そしていよいよ本章では、右脳読書法（スーパーリーディング）の具体的な方法をご紹介いたします。

右脳読書において、脳は、言語的・理論的に考える段階を省略し、見ること記憶すること、そして理解することが同時に行えるようになっています。

すなわち、左脳的な脳の使い方から、右脳的な脳の使い方に完全にチェンジしているのです。

こう聞くと、一見かなり難しいことをしているように思えますが、一定のトレーニングを積めば誰でも簡単にできるようになるものです。

このトレーニングは、短期間で集中的に行うことでより高い成果が期待できるものです。毎日三〇分程度でかまいませんので、二週間ほど集中してやってみてください。

具体的なステップは次のようなものです。

ステップ1　アイトレーニング【基礎編】

①目の焦点の調整――立体的に見る

②視野を広げる

③目をスムーズに動かす

ステップ2　アイトレーニング【応用編】

①本のページ全体を一目で読む

ステップ3　高速めくりトレーニング

①本を効率よくめくる

②キャッチできたものを書き出す（アウトプット）

次に、具体的なトレーニングのやり方を解説いたします。

右脳読書実践トレーニング

ステップ1　アイトレーニング【基礎編】

①目の焦点の調整――立体的に見る

右脳読書においては、本の文字のかたまりが、目に飛び込んでくるようにならなくてはいけません。つまり、文字が３Ｄのように浮き上がってくるような見方をするようにするのです。

そうはいっても、体験したことがない人は、「そんなこと本当にできるの？」と思ってしまうかもしれませんが、人間の目とは、焦点を少しずらして何かを見ることによって、それが立体的に見えてくるものなのです。

具体的には、対象物より少し先に目の焦点を合わせるようにします。

感覚をつかむために、まず自分の指を使って次のような練習をしてみましょう。（P179イラスト参照）

1．目の前に両手を伸ばし、親指を立てる。そのとき、爪はこちらを向ける。

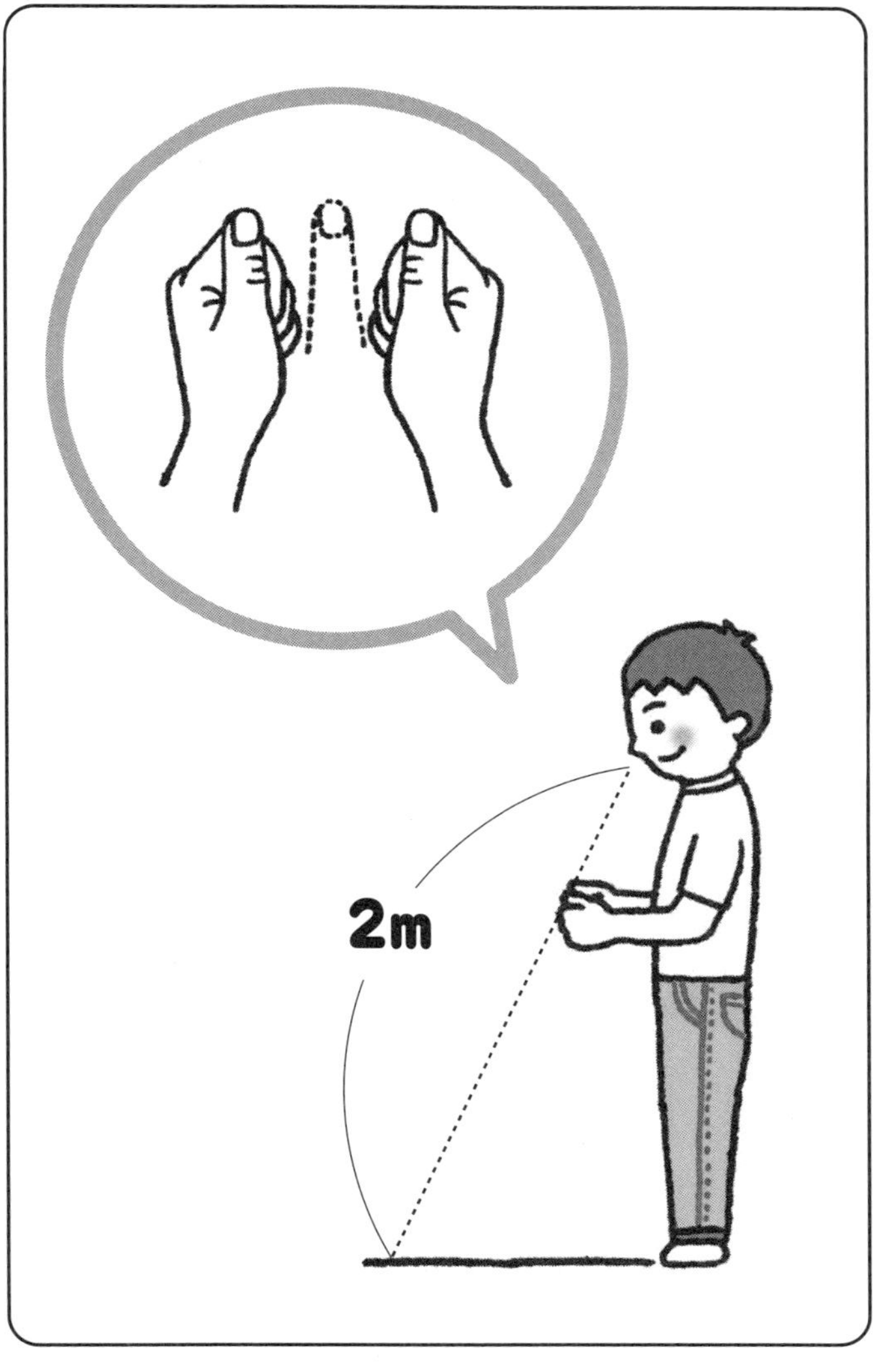
2m

2. 親指より向こう側にあるものを見るように焦点をずらすと、親指が四本映って見える。このとき、焦点を指の先二メートルほどのところに合わせるとやりやすい。
3. 親指を少し接近させ、内側の二つの親指の像が一つに重なり、全体が三本の親指の像になって見えるように調整する。
4. この状態のまま焦点をずらすことなく、三本の指の像とその周りに注意を払う練習をする。

慣れてきたら、今度は、本書の巻末部分にある訓練カードを使って練習してみましょう（訓練カード①参照）。

イラストの上にある黒い二つの点を、さきほどの指を見る要領で見ていきます。

そして、黒い二つの点がお互いに近づいて、真ん中で重なって、点が全部で三つに見えるようになった状態で、絵に意識を集中させます。

最初はコツがつかめず、どうしても対象物のイラストそのものに焦点を合わせてしまいがちですが、数日間訓練をすると、だんだんイラストが立体的に見えてきます。

どうしてもコツがつかめないという人は、イラスト（カード）の後方に指を置いて、そ

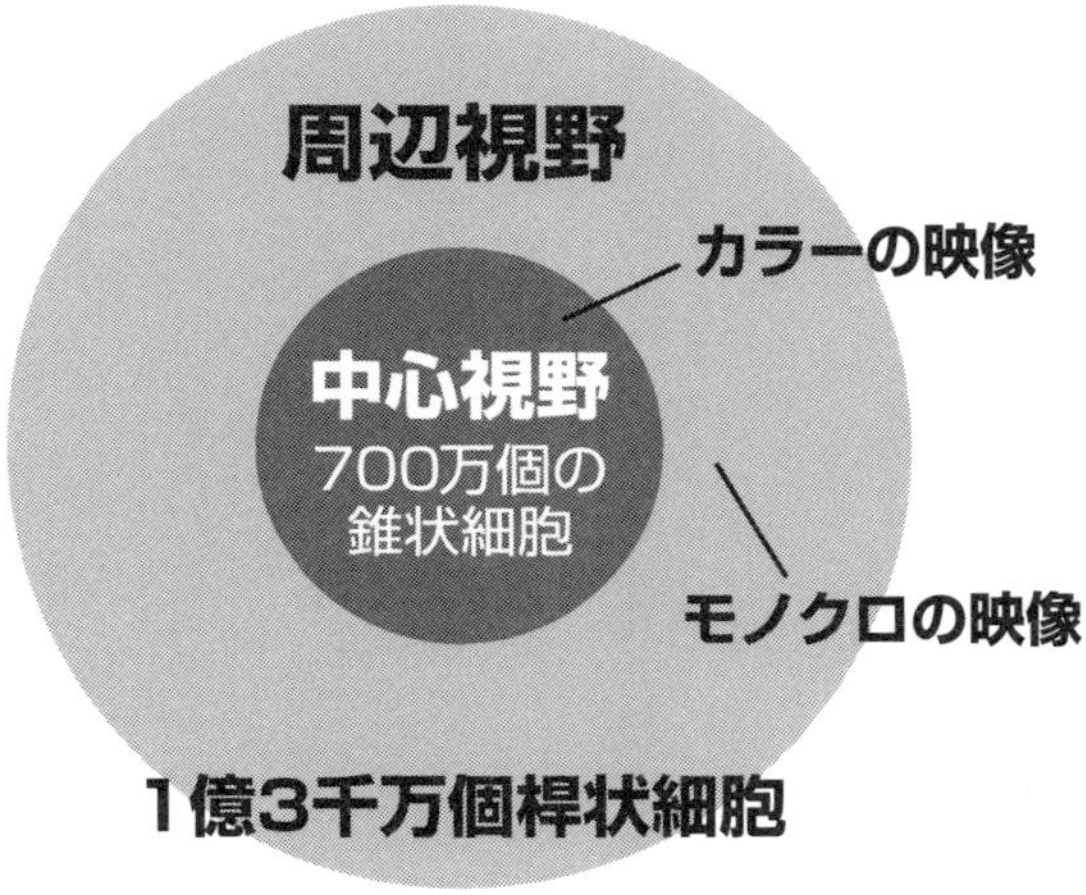
周辺視野
カラーの映像
中心視野
700万個の
錐状細胞
モノクロの映像
1億3千万個桿状細胞

の指に焦点を合わせるようにして、対象物であるイラストから焦点を外すように心がけてみましょう。

また、３Ｄイラストをたくさん見るのも一つの手です。

一度でも立体的に見る感覚がつかめれば、しめたものです。

二回目以降はすぐに物が立体的に見えるようになりますので、頑張って練習しましょう。

②視野を広げる

普段我々は、目の中心視野の細胞のみを使ってものを見ています。

しかし、この中心視野のまわりには、いつもは使っていない周辺視野というものがあり（P181イラスト参照）、トレーニングによって、この周辺視野も使って情報を取り入れることができるようになります。

付属のイラスト（訓練カード②～⑤参照）を目の前二〇センチほどのところに置き、カードの四隅のイラストが視界の中に入っていることを確認しましょう。そして、中心の黒丸に焦点を合わせ、意識を集中してじっと見てみます。

そして焦点はあくまでも中心の黒丸に合わせたまま、周辺の絵や文字を意識的に見るようにしましょう。

はじめは、絵や文字がぼんやりと見えるだけですが、このトレーニングを続けていくと、次第にはっきりと全体が見えるようになってきます。

どうしても四隅の絵や文字が見えないというときは、あなたが、自分の少し上後方にいて、自分の頭越しにカードを見ているとイメージしてみましょう。そうすると、より広い範囲のものを視野に入れるという感覚がつかめてくるはずです。

普段使っていない部分を使うということなので、当然、うまくいかないことがあると思いますが、「訓練次第で必ずできるようになる」という意識はしっかり持つようにしてください。

また、日常生活の中でも、いろいろなものを周辺視野を使って見るように心がけてみましょう。街の看板や、電車の中吊広告などで試してみるのもいいかもしれません。

③目をスムーズに動かす

さらに、一目でページを見る能力を育てるために、眼球を動かす眼球筋の働きをよくするための訓練をしましょう（訓練カード⑥〜⑧参照）。

目には上直筋、下直筋、内直筋、外直筋、上斜筋、下斜筋の六つの眼筋があります。この六つの筋肉が働いて、映像を正しい焦点に合わせるといわれています。

すなわち、この六つの筋肉がよく動くように訓練すれば、目の視幅が広がって一つのページに書かれたものが、一目で見えるようになるのです。

それでは、付属の眼筋訓練カードを使って、眼筋のトレーニングをしてみましょう。

カードは、上下、左右、斜めの順番で訓練します。一枚のカードを、それぞれ一〇秒間ずつトレーニングします。

最初のうちは、一〇秒間で、上下運動二往復、左右運動一五回、斜め運動一〇周をたどるのを目安にトレーニングをしてください。

そして、一〇秒間で、上下運動三往復、左右運動三〇回、斜め運動二〇周をたどれるようになれるのを目標に、トレーニングを続けましょう。このくらいのスピードで目を動かせるようになれれば、一目で読み取る字数が増え、本を読むスピードが格段にアップしています。

大切なのは、短時間でも構わないので、毎日トレーニングをすることです。

人の体は、普段使わないと動かなくなってしまいます。せっかく動くようになった眼筋の動きを元に戻さないようにしましょう。

ステップ2　アイトレーニング【応用編】

①本のページ全体を一目で読む

五行の文章が一目で読み取れるようになれば、ページの文章全体をそのまま一目で取り入れる能力がすでに育成されているということになります。

ですので、五行の文章が読み取れるようになれるのを目標に、まずは一行を読み取ることからトレーニングを始めてみましょう（訓練カード⑨〜⑭参照。一行文訓練カード⑨⑩、三行文訓練カード⑪⑫、五行文訓練カード⑬⑭）。

このトレーニングを始める前に、ここまでの段階
①目の焦点の調整――立体的に見る
②視野を広げる

③目をスムーズに動かす

のトレーニングを一通りやりましょう。そしてその上で、一枚一秒というペースで、次々にカードを見ていくようにします。このとき内容が読み取れていても、いなくても一枚一秒のスピードを保つようにしましょう。

一枚一秒で視線を動かしても、右脳が読み取っています。逆に、文章を読もう読もうとすると、左脳が動いてしまい、右脳が働くのを妨げてしまいます。ですので、とにかく短い時間で視線をどんどん動かしていくようにしてください。

一行文のカードを見終わったら、次は三行、そしてその次は五行のカードでトレーニングしましょう。これも毎日やるようにしてください。

余白を見るという気持ちでトレーニングすると、カード全体を見る感覚がつかめますので、試してみてください。

行数を増やしていくと、文章が多くなり、「一目で読むのは無理かもしれない」とつい思ってしまい、これまで慣れ親しんできた、左脳を使った読み方になってしまいがちですが、決して弱気にならず、「どんな文章でも右脳で読み取れている」と信じてトレーニングを続けてください。

ステップ3　高速めくりトレーニング

①本を効率よくめくる

ここまでは、一枚ごとのカードでトレーニングをしてきましたが、ここからは、実際に本を使ってのトレーニングに入っていきます。

ここまでの、一枚のカードを読み取るトレーニングにおいては、目の動きに集中していればよかったのですが、カードの束ともいえる本を右脳で読み取ろうとしたときには、いかに各ページを右脳読書がしやすいスピードで目に触れさせるようにするかが一つのポイントとなります。

最初のうちは、ソフトカバーの、文字が比較的大きい子ども向けの本を使って、練習してみましょう。

まずは、約一秒で全部のページをめくります。一〇秒間で一〇回、最初から最後までめくるのをくり返します。このとき、決して内容を読もうとしないでください。左脳が働いてしまい、右脳の働きを妨げてしまいます。

そして今度は、少しスピードを落とし、一回約五秒で一〇回以上めくってみます。このときも内容を読もうとしないでください。

そして次に、さらにスピードを落とします。目安は、一回一〇秒で六回程度のめくりにします。このときかなり文字が見えるように感じると思いますが、その「見える」という感覚だけをつかむようにして、決して内容は読もうとしないでください。本を意識的に読むということではなく、「本の内容が入ってくる、受け取っている」というイメージ・意識を持つのがいいかもしれません。

②キャッチできたものを書き出す（アウトプット）

三段階のスピードで本をめくり終わったら、読み取れたものをどんどん書き出していきます。最初はほとんど何も書き出すことはできないと思いますが、トレーニングを続けていくと、本の見出しなどの印象的な文字が書き出せるようになっていきます。

こうして、徐々にアウトプットの感覚をつかんでいくと、どんどんたくさんの情報が書き出せるようになっていきます。

このとき理解しておいていただきたいことは、ここまでの段階で、あなたの右脳は本の中味のすべての情報をインプットしているはずであるということです。

あとは、それをいかに引き出すかということです。

書き出しのトレーニングによって、次第に細かい内容まで書き出すことができるようになっていきます。

以上が、右脳読書（スーパーリーディング）の具体的なトレーニング法です。

まずは、一日三〇分、二週間を目安に頑張ってみてください。

そして、普段の読書にも、右脳読書をどんどん取り入れていってください。

トレーニングによってつかんだ感覚を錆付かせないように、毎日短時間でもいいので、右脳読書を続けるようにしてください。

終章

今、私があるのは90パーセントが読書のおかげ

今、私があるのは90パーセントは読書のおかげです。

読書には無限の価値があります。新しい、これまで誰も知らない宝が隠されています。私は自分の知らないことを読書で学びました。見えない世界のことも読書によって知りました。今でも書物と向き合わない日はありません。

実は昨日も五冊の本を読みました。私は間もなく七七歳になります。読書のおかげで頭が衰えたという感じを全く持ちません。

それどころか、さらに日々新しいことを学び続け、新たな発見を続けています。

読書のおかげで、私の心は限りなく自由です。世間の因習的な考えにとらわれないので、自由な精神を得ており、その自然な結果、絶えずクリエイティブでいられます。

私が世に出ることができたのは、本を書いたからです。本を書いて、自分の知り得た、人のまだ知らない脳の秘密を書きつづってきたからです。そうして効率的な学習法のマニュアルを書いてきたからです。

今もなお、脳の秘密を尋ね続け、人の気づかない発見をし、それを本に書いています。

これらはすべて無形の情報です。私の頭から生み出される情報で、そうして、それらはすべて読書が元なのです。

読書によって発見が行われ、それを情報に変えることによって、十分な生計の資を得ています。おそらくこれから一〇年先、二〇年先も現役で本を書き続けていることでしょう。とすれば、読書とはなんと価値のあるものでしょう。

ただし読書において大切なことがあります。最重要の条件があるのです。

その最重要の条件とは、先見性です。時代に先んじる先見性が必要なのです。

時代に合わない読書では、時代の波に乗ることはできません。無駄な読書に終わってしまいます。

常に発見を志すこと

時代に遅れないようにするには、どうすればよいのでしょう。それは常に発見を志すことです。世の中は常に新しい発見によって開けます。個人の発見が世の中を大きく切り開いていくのです。

読書しても、ただ教わるばかりで思索しないと独創はありません。読書しながら考えることが重要です。

考えることこそ知的な作業です。しかし考えるだけではダメで、それを表現し、形に表すことが創造になるのです。

創造とは形にすることです。

書くことは内なる自分を形に表すことです。そのためには自分を磨き続けなくてはなりません。磨かなければ内なる自分は玉にはなりません。毎日考えついた何かを書きとめておく習慣にしましょう。

それが文を書く時のデータになります。

人は今まで考えたこともなく、見たこともないものに出会って価値観がひっくり返ります。

そのことによって人は頭の中ですばらしい快感を得、あるいは感動を得ます。

そういう未知なるものの発見を絶えず志しましょう。

創造において一番大切なことは、これまで誰もなしえなかった新しい世界を切り拓くことです。未踏の高山に挑み、未知なる海を渡って、そこから流れが大きく変わってきたといわれるような個性的な発見をすることに努めたいものです。そのような読書の仕方こそ、最高に価値あるものではないでしょうか。

脳の機能と構造について考えることを私はテーマにしていた

私はいつも、人間の能力について考えていました。人間の脳の良し悪しがあるのはどうしてなのか。同じ中学二年生を教えても、一人の子どもは吸収力がよく、スッと覚えるのに対し、別の子どもは何とも吸収力が悪く、なかなか覚えられない。この差はどうしてなのか。

大学生の頃、生活の資《し》を得るために、中学生たちに英語を教える家庭教師をしていました。すると彼らの間に、そうした記憶の能力の差を見つけ、そういう疑問を持つことになったのです。

そのことから、自分自身を振り返ってみました。自分は中学二年生の頃はどうだったのか。私は自分自身がその頃、決して学校の成績がよかったわけではなく、成績はいつも中くらいであったことや、戦争が終わって外地の北京中学校から、松江の学校へ移り、自分が学力不足でクラスで一番ビリであったことを思い出しました。

北京の中学校を四年で卒業して、松江の新制高等学校二年生に編入させてもらったのですが、その編入試験のために一年間、働きながら学習していた頃は、一冊の英語の参考書を一年たっても読み上げられないでいたこと。編入学して早々、英語の時間に先生に質問されても答えられず、いつも赤面しながら「わかりません」といって、無様に立ち続けていたことなど……。

そうしてそこから、「これではいけない、こんな頭ではとても大学に進学することはできない。なんとかしなくては」と決心し、どうしてもこの遅れを取り返さなくては、と発心したことを思い出しました。

当時、松江の西川津にある、貧困学生のための楽山寮に入れてもらっていました。この寮で私は遅れを取り戻すために、ハードな学習を始め、それから半年とたたないうちに、英語においてクラスで一番になってしまったことを思い出しました。

あの時、自分はどういう勉強をして、クラスのビリから一位に駆け上がったのか。そうしてそれ以来、勉強するのが非常に楽になったのは何故なのか。そこに学習の秘密があったのではないか。あのとき自分は学習の仕方を変えたので、自分の頭を吸収力のよい頭に変えることができたのではないか。だとすればそこに、何か人間の能力に関する秘密はないのか。

私はその頃の自分の学習の仕方を振り返ってみると、後の右脳学習法の原型となる「人間の能力を変える秘密の学習法」を、知らずに探り当てていたことがわかりました。

当時私は学校の勉強での遅れがひどく、授業を聞いていても理解できなかったので、学校の授業を完全に無視することにしました。その代わり寮で自分でも驚くほどの勉強をしたのです。何と、毎晩夜の三時頃まで、寮でみんなが寝静まった後も、一人起きて学習し続けたのです。

その時の学習の仕方は、同室の人たちが寝静まっているので、声を出して発声しながら読むことができません。そこで、私はどうしたか。両方の耳を押さえながら、小さな声で発声しながら本を読んでいたのです。

これなら小さな声でも頭に響かせながら読んでいくことができます。私は知らずに聴覚口頭法という学習の仕方を発明していたのです。私はこの聴覚口頭法を毎晩続けました。昼間部屋に同室の人がいないときは、大きな声を出して読み続けました。それにさらなる工夫があったのです。遅れを急速に取り戻す必要があったので、私にはスピードが要求されていました。そこでできるだけ本を早く読む、速読法を始めていたのです。ここに、能力を変える秘密があったのです。

高速音を自分の脳に響かせて、情報を大量に高速インプットすると、急速に聴覚が変わり、脳の質も変わるという隠れた脳の機能に関する秘密があったのです。

当時、楽山寮の私の部屋には、私も含めて三人の学生が同室していました。その内のもう一人は私の三つ年上の兄です。兄は、旧制の松江高等学校に通ってしました。この兄が、「お前の英語の発音は日に日によくなっていくぞ。何か秘密があるのか」と不思議がっていました。実際、私の英語の発音は、普通の日本人の発音とは違って、誰よりもネイティブに近い英語の発音に変わっていったのです。


翌々年、外語大の学生になった私は、英詩の講読の時間に、ロンドン大学の出身で、学内で一番英語の発音のきれいな谷門教授から、英詩の朗読をしてただ一人、「Excellent!」という評を頂いたのです。教授は一人ひとりの学生に、英詩を朗読させ、「Fair・Good・Very good・Superb・Excellent」の五段回にわけ、評価していかれたのです。

大抵がGoodでした。Very goodがわずかに二人。Superbが一人、そして私が初めて最高のExcellentを獲得したのでした。

「耳を押さえて発音する英語学習法が、聴覚を変え、発音を変える」という後の研究の原型がここにあったのです。

情報の入力の仕方についても、このときに私は大変貴重な実験をしていたのです。情報をゆっくり入力すると、人は左脳を使っているのに、高速入力をすると人は自然に右脳で処理するようになるという秘密があったのです。そのような脳の秘密を私はずっと後に知るようになります。

ユダヤの民族は非常に学習能力の高い人たちであることが知られていますが、それは学習法に秘密があることが知られています。彼らはまず第一に、「聴覚口頭法」という学習法で学びます。もう一つは、繰り返し音読して、完全に記憶することを目指します。

一冊の本を繰り返し繰り返し音読して、すっかり暗唱してしまいます。例えば、ユダヤ人は一三歳になると、バル・ミツヴァという成人式を祝いますが、成人式を迎えたユダヤ人たちは、一五〇ページもある預言書の暗記を課題にされます。

この預言書をユダヤの人たちはメロディにのせて、繰り返し声にのせながら完全に暗唱してしまうのです。

ニューヨークの大学院でのことです。日本人の研究者のいる、隣の研究室から、いつもうなり声が聞こえていました。実はそれはユダヤ人の教授がテキストは見ずに、タルムードという本を暗唱している声だと後に判明したのです。

ユダヤの人たちの朝の礼拝祈祷書は、一五〇ページもあるのですが、これを毎朝メロディにのせて、反復朗詠していくうちに、誰もが諳んじるようになります。すると途方もない容積の多い記憶回路を開くことになり、記憶することが楽になってしまうのです。

ユダヤの人たちは普通の人でも、旧約聖書を全部ヘブライ語で朗々と暗唱できる人が少なくありません。世界一賢い民族といわれるユダヤ人たちは、「メロディにのせて、歌いながら覚える記憶法が天才教育の秘密の法だ」としています。学習法に脳を開く秘密があり、学習法によって、すべての人の脳の質を変えることができるという秘密があるのです。

こうして右脳教育法が世界に知られるようになった

私は、大学生の頃、家庭教師をしていて、できる子とできない子にぶつかり、その差は何かと疑問を持ったことから、脳の機能と構造がどうなっているかというテーマについてを一生の研究のテーマにしようと思いつくことになりました。

その結果、かつてない右脳教育法を世に送り出すことになったのです。

右脳には、数々の世に知られない不思議な働きが秘められています。その引き出し方を私は学んでいくことになったのです。そうして、脳の秘密に関する本を私が世に問うたのは、私が四七歳の年で、一九七六年のことです。


私がまとめ上げた「七田式右脳開発法」は、一九九七年に世界学術文化審議会より、最優秀理論として評価され、世界知的財産登録協議会に登録されることになります。

私が初めてアメリカで、私の右脳教育理論について講演したのは、一九八九年、アメリカ・ユタ州においてです。続いて、翌一九九〇年もユタ州立大学で講演し、その後、毎年のようにアメリカで講演を続けました。

一九九七年、ミネアポリス、ウィノナ大学で講演。このときの講演がきっかけで、同大学のパーマ教授、マシューズ教授に知られ、大きく評価されることになります。

パーマ教授は翌年（一九九八年）、私がサンディエゴの「ブレイン・エキスポ」で講演をしたとき、聴衆者に私の紹介の労をとってくださり、その時に「あなたたちは幸せだ。二十一世紀は右脳教育の時代になるだろう。その右脳教育法をあなたたちは知ることになるのだから」といってくださり、マシューズ教授は、私の右脳教育に関する研究を小冊子にまとめて、広くアメリカ中に配布してくださったのです。

そうして、私の教育がアメリカ中で広がり、著名な学者たちによって、その著の中で紹介されることになります。

「アインシュタイン　ファクター」を書いた、ウィン・ウェンガー博士は、その本の中で、私について次のように書いています。

「日本の加速学習のパイオニアである七田眞博士も、シーザーと同じような、学習における障害物の裏をかく手法を使っています。彼はスピーディーにデータをインプットすれば、のんびりした左脳の働きを避けられることに気づいたのです。

私たちの左脳が、一度に一つの単語やフレーズを処理することしかできません。

しかし、私たちが外国語を習ったり、本を読んだり、高度な数学を身につけたりするとき、どうみても一度に何百ものデータを処理しているわけです。これはいったいどういうことなのでしょう。七田博士は、ここに隠されたトリックを発見しました。それは、脳に高速データを入れてやると、意識がそれについていけないということだったのです」

また、『開拓者の道』を書いた、エドガー・ミッチェル博士は、その本の中で次のように書いてくださっています。

「私は一〇年以上、よりよく潜在能力を活用できる方法がきっと見つかると信じて加速学習法に興味を持ち続けた。

一九九三年の後半、私は特別な学習法の、その効果に関する研究にのり出した。世界中の各地における潜在意識レベルの学習法について私は三〇年以上も研究してきたが、日本の教育者、七田眞氏の研究が特に重要である。その成果はアメリカでも見事に現れている」

これらはすべて、私が若いときに抱いた一つの疑問に端を発するのです。そうしてひたすら読書を続け、脳の機能と構造に関する秘密を探り続け、ヒントとして得た学習法を子どもたちに実践してみることによって、私は次々に脳に関する秘密を尋ね当てていくことになるのです。

子どもたちの隠れた能力を引き出す七田式の右脳教育法は、現在日本では、七田チャイルドアカデミー教室として、全国に四五〇教室を数えるまでになっています。

七田教室の子どもたちが、いかにびっくりする能力を発揮しているかは、この本では書きません。別の著に譲ります。

彼らは、これまでの教育では、発現し得ない能力を発揮してみせてくれているのです。

私が中学生の時、級友の一人が他の級友に催眠術をかけて、明日の試験の問題を透視させ、それがその通りに透視されたという体験を見聞きしたことがあります。

この少年の頃の体験から、「人間の脳には科学的には未知の不思議な働きが隠されている。その秘密の脳の働きを知りたい」という素朴な疑問と関心を持ち続けたことも大きかったと思います。

かつてのイギリスの首相、チャーチルの言葉があります。「人は少年の日に大切なものに出会う。だが、いつの間にか忘れ去ってしまい、心に留めておく人は少ない」。

人は人生の早い時期に、もし気をつけていれば、大切なものに出会うことができます。

でもその時に、見る目を備えていなければ、大切なものを見落としてしまうでしょう。この人生は実験なのです。人の見ない新しい光を見つけ、それを人に見えるようにキャンバスに描き出すこと。そのためには、人生の問題にあなた自身の独特の光のあて方を発見することが必要です。

この世にはいつも新しい発見があります。その新しい発見は、人々の人生にこれまで知らなかった光のあて方を伝えることになるでしょう。

あとがき

人はこの世に何のために生まれてくるのだろう。一体どういうふうに生きたらよいのだろう。

私がこの疑問を持つようになったのは、日本が太平洋戦争の終戦を迎えた年、一七歳の時でした。それまでは、ただひたすらにお国のために動員作業で働くというのが、私に与えられた生き方でした。

ところが、終戦を境に、私は人生の目的を失ってしまったのです。にわかに何のために生きてきたのか、これからどう生きていけばよいのか、疑問に思い、思索する日が始まりました。

「人がこの世に生まれてきたのには、何か目的があるはずである。その目的とは何だ」と考えるようになったのです。

そのことを考えるようになって、私の人生は変わりました。目的のない人生ではなく、目的を尋ねる人生が始まったのです。

読書がその思索の道具でした。読書にその答えがあるはずだと、読書にのめり込んでいったのです。

他の級友たちが、あまりそんなことを深く考えない中で、私は深く人生について考えた文章を書いて、担任の先生に特別に目をかけていただいたことがあります。

読書は人が生まれてくる、この一回限りの人生に彩りを添えてくれ、生きる道筋を示してくれ、私を導いてくれる羅針盤であり続けました。

私は読書によって立志を学び、異化を学びました。

立志とは人生を生きる目的を見つけて、そのように生きようと志すこと。そして異化とは、この人生で、人が見ているものと同じものを見ていながら、別の光をあてて、別の人生の色合いを見ること、人の知らない発見をすることです。

人の見る対象には、もともと固有の色があるわけではありません。見る人の視点のあて方、光のあて方によって、対象は変化し、違った色合いを見せるものです。光のあて方で、他と異なった世界が現出するのです。

人が行う行為には、あまり多面的な違いはないものです。けれども、異化によって色調がいくらでも変わるものだと学び、常に異化を心がけて生きる生き方を貫いてきました。
この本は、そんな私の異化の心から生まれた右脳的読書法について書かれた本です。皆様に少しでも参考になればと願っています。

平成一八年八月

七田　眞

七田眞の「心の泉集」

一、人間の生き方について

人は皆平凡な人生を生きているものだ。しかし、それを平凡で無くすことができるのである。それはその人の志の高さによる。自分の平凡な人生の中に隠された宝を見つけだそうとする精神の志向性による。

人生の根本問題は何かと考える力を持っていること。それがその人の歩く道を、人より次元の高いものにする。

人生は我々が造るものであり、我々の全人格をかけて観察する方法であって、事実的に、歴史的に、統計的に与えられるものではない。

ヘッセ

人は成功し、人生を楽しみ、幸せになり自由になることを自分で選択することができる。すべてがあらかじめ決められているわけではない。運命はあなたが造っているのである。あなたはあなたの中にある天から与えられた才能を呼び起こすことによってどんな役割でも演じることができる。

元来人間の身の上に起こることは、みなバラバラである。しかし、これらはすべて複雑に絡み合って一つの志向性を持っているものなのだ。そこに何も見ようとしない人もいる。そこに何かを見つけようとする人もいる。

何が自分の行動の動力になっているのか全く無知な人もいる。反対に運命に対する感覚がきわめて鋭敏である人たちがいる。彼らは自己の目的を達成するために必要な影響を創造する。

未来を創る力はあなた自身の内にある。どんなにあなたの人生がもう最後ですよと言われても、あきらめてはいけない。あなたの人生を決めるのは神ではない。神はあなたの幸せを運命づけているのである。どんな状況下でもあなたは最後の瞬間まであなた自身の意志を使うことができる。

人生はどの部分が宿命であるのか。答えはあなたの日々の言動、考えがあなたのほとんどの人生を決めているのである。

人は人生の早い段階でこの悟りを得て、自分の人生を自分で切り開く知恵を身につけるべきだ。人が早くそのことを悟れば、人生の無駄を大きく省くことができる。

人間にとって一番大切なことは何か。生きることだ。しかし、ただ生きるのではない。賢明に生きることだ。人は賢明に生きているだろうか。そうは思われない。賢明に生きるには、生きる知恵が必要である。本当は賢明に生きる教則本が必要である。戦いに兵法の書が必要であるように。

人間の優劣はその人が精一杯努力してきたかどうかで決まる。骨身を惜しまず、学ぶ以外にない。たゆまぬ努力がいる。

歩く道が苦難に満ちた方がよい。苦難や貧苦は人を鍛え立ち上がらせる。安楽を求めるものは堕落する。

どんな生き方をするのがいいのか。日々精進努力する道がいちばん尊い。天才に道はなく、凡才に道がある。天才は努力しなくてもできるから日々の精進努力がない。そのため、道を学ぶことができない。

凡人で努力した人の方が、自分の歩いてきた道の中から効果的な努力の方法を知り、人に示すことができる。

神様は天才よりも凡才の方を愛してくださる。人間としていちばん尊いことは、日々精進努力することだから。

人は神と一体になる生き方を目指すべきだ。怠ける人は自分を磨いていない。人は燃えて生きている時ほど、全身からオーラを発している。

「混然中処」という考え方が大切。万物の中に混じって、右往左往しているのではなく、その中にあって常に創造の道を進歩向上させていくこと。

自分の心の中の月の光の導きに従え。すべての人々の中に、こうすればよいと導くものがいる。それはその人の心の中の月の光と呼ばれる存在である。そういう存在がいる。

創造を生み出す力は、あなた自身の中にある。人のせいにするな。境遇のせいにするな。無限なるものの力は、すべてあなたを通して働く。

教師や両親がどんなことを教えたにせよ、それらはすべて忘れ去り、自分を新たな人間にすることができる。あなたは世界中のただ一人の人間である。自信を持って生きよ。

いかに生きるか。クリエイティブに生きる。次々に新しいものを生み出していくのが神様の心にかなう。同じことをしていると沈滞する。創造するほど神に近い。

人生の体験の中で一つひとつの真実を拾い上げていって、一つの生きる理論を生み出していこうとすること。人間の能力を十分生かす生き方を探ること。

人は自分を新たな人間にすることができる。人は星の巡り合わせによって才能や性格を作り、創造性や感受性を豊かにするのではない。心の持ち方によってそうなるのである。人生とは自分自身が創るものである。自分自身の全人格をかけて観察する方法であって、観察する方法を知らなければ、それはただ意味少なく消滅していくものである。

人はみな平凡な人生を生きていくものだ。しかし、それを平凡でなくすことができる。それはその人の志の高さによる。自分自身の平凡な人生の中に、隠された宝を見つけだそうとする精神や志向性による。

ヘンリー・ミラー

たぶん人はみなこの人生で自分を見つける旅をしているのだと思う。そして人生の節々で、自分のそれまでの生き方を振り返ってみるのがよいのだと思う。するとそこに新たな光を見いだすから。過去の思い出を新しい目で見直し、新たな意味を付け加えることができる。

自分を輝かせる生き方をしたい。自分を輝かせるとは人に見せるためではない。自分自身を磨くためである。

人は玉として生まれてきても、磨かなければ光り輝かない。曇ったまま人生を終わってしまうことだってある。

人は自分の内面性に気づかなければなかなか光り輝かないものだ。もっとも内面性にわざわざ自分で光を当てなくても、自分の内から神々しく輝いて生きる人もまれにいる。

人は与えられた運命を最高、最大の生き方にすることができる。どんなことが続いても、どんな場所に生きても、今この瞬間が絶対唯一の自分の時間であり、自分自身の存在を証明する時である。自分の人生を間違いなく生きているのである。

今、この瞬間を受け入れ、心に刻み込む生き方をすること。それによってあなたはあなた自身にとって不朽の存在になる。

出来事を単なる経験に終わらせず、それを充実させて体験にすること。一つひとつの出来事は、その人の人生の歯車である。その一つひとつをしっかりかみ合わせて生きること。自分の心の中に体験を刻み込んで生きること。

人生とは、決められたゴールに向かって、そのプロセスをいかに充実して生きるかが問題である。

二、運命について

人は星の巡り合わせによって幸せになるのではない。心の持ち方によってなるのである。

人は悟りながらまた迷うものだ。何故か。そう悟りながら自分の運命を見通すことができないからだ。後になって自分の言動、心の思いが自分の運命を創ってきたのだなという思いが起きるのである。

運命はどう創るべきか。人はそれぞれ他の人にはなく、あなただけに与えられた使命を持って生まれてきた。その実現のために生はあるのである。あなたの使命とは何か。あなたの日々の生き方を通して、できるだけ多くの人々に奉仕することだ。あなたの周りの人々を幸せにすることだ。

あなたは自分の心のノートに何を書き込むのも自由である。平和、喜び、愛、成功、無限の力、書き込んだことがやがて形をとり始める。

運命とは境遇、遺伝子的要因、思いがけない出来事で決まるものではない。それらに操られてはいけない。運命の主人公はあなた自身なのだから。

あなたの内なる力は現実を実現する能力を持っている。運命の本当の要因はあなたの精神である。あなたの無限の力を呼び起こせ。

運命が前もって決められていると考えるのは愚の骨頂。成功者は自分の意志、知恵、勤勉、仁徳の力によって結果を得たと信じている。失敗者は運が悪かったと運命の力にしている。

運命の綱引き

運命の法則を知って、幸運を招き寄せることを知っているものは幸運を呼ぶ。手触りのよい、やわらかな綱では幸運はたぐり寄せられない。努力がいる。

運命はあくなき求める心によって開かれる。あくなき深求心がないと、運命の扉は開けない。

人が知恵の扉を開くのは思考を深めることによってである。いかに生きるかを考えるか、考えないかで大きな差を生じていく。

人の思考はパターンとして存在する。怠惰な思考は実りのない不生産的な習慣を生み、冒険心に満ちた思考は、やがて未知の豊饒な沃地を見出すだろう。運命は常に、人の抱く思考の具現化を援助している。

人は自分の思考を高めることによってのみ、上昇し、克服し、達成する。

三、成功について

成功のいちばん大きな要素はその人の思考にある。

ジェームズ・アレンの言葉「自分の思考を劇的に変化させると、あっという間に周囲に驚くべき変化が生じる」。

人はもし大きな成功を願うならば、大きな犠牲を払わなければならない。この上ない成功を願うならば、この上なく大きな犠牲を払わなければならない。

気高い夢を見ることだ。あなたはあなたが夢見た者になるだろう。あなたの理想は、あなたがやがて何になるかの予言である。

人生は絶えず小さな成功と、失敗のくり返しで成り立っているものだと思うのがよい。

そして、失敗の方がよりよい教師なのだ。

何かを試み、失敗する人間の方が、努力しないでも成功する人間より、より多く学び、身につけるものである。

人間は幸福より不幸の方がよりよい教師なのだ。

人は人生とはどんなものか知らない内に半分は過ぎてしまう。

大切なのは、大きな夢を持ち、それを実現させる技能と忍耐を持つことだ。

失敗したら自分の努力が足りなかったせいにし、成功したら運のおかげにする、そういう人間こそ偉大な人間である。

ある願望を達成しようとしても成果が上がらないのは、直接の努力ばかりをして、間接の努力をしていないからだ。直接の努力とは、当面の差し当たっての努力。間接の努力とは、日頃の準備の努力、基礎を作る努力。

孟子の言葉「心、鴻鵠《こうこく》に在り」

奕秋（えきしゅう）という碁の名人に二人の弟子がいた。一人の弟子は雑念を捨てて、師の教えを聞いた。もう一人はもうそろそろ白鳥が飛んでくる頃と考えて、飛んできたら捕まえてやろうと心に考えている。

心を養って一点に集中していくことが成功の秘訣という教え。

四、幸福について

幸、不幸は遺伝で決まるわけではない。自分の生まれた環境で決まるのではない。幸せになろうという意志で決まるのだ。

人間の秀れていることは、環境からはできるだけ支配されないで、逆に環境を支配する力を与えられていることだと思う。

しかし人は、自分の生をもうダメだと簡単に放り出す癖がありはしないか。医師に後一月の生命ですと言われると、たいていはそうなってしまう。だが人の生命を決めるのは医師ではなく自分自身である。人たちの中には、後一週間の生命ですと言われた中から、この人生によみがえってくる人たちがいる。この両者をわけるものはなんだろう。

それは志であると思う。志とはもっと生きて人の役に立つ仕事をしたいという思いである。多くの人に役立ちたいという思いのことである。

人間にはそれぞれ与えられた使命があると思う。花がやがて大輪の花を咲かすのは、地下に隠れていた根が不断に養分を枝葉に送った結果である。

人が生活の流れに沿って漂流する場合、大切な部分は、ほとんど水面下に隠れているものだ。大切なことは、その隠れたものをできるだけ早く発見し、それを励まし育てていくことだと思う。そこには必ず真に価値あるものが隠されているに違いないのだ。それを見つけ伸ばすことが人の本来の使命なのだ。

人間の幸福を決めるのは何か。

すべての生活の場面は人生哲学が展開される場面である。そこに人生哲学があるかどうかが問題なのである。どんな人生哲学があるかが問題なのだ。幸、不幸はその人の人生哲学によって決まる。

生涯、人生に対する観察と反省と努力を怠らないこと。高踏的でなく、人情味ある生き方。自分のやっていることが自然な努力であること。それこそが努力の神髄であり、生きる人生の醍醐味なのである。

真の幸福は生き方にある。名声でも金でもない。

五、幼、少、青年期について

少年の頃に内面の世界と外の世界が溶けあっているような書に出会うことは明らかにその人の生涯における事件である。

二〇歳までの多感な時期が大切である。この時期に文学や哲学を読む人間は、いかに生きるべきかを真剣に悩む、その時期に何か事件が起きる。するとその出来事と、彼の心の中の情報が一つになって彼独特の言葉となって表出しようとする。

彼の口から出る言葉は、読む人の体の中に染みこむ力を持っている。理屈ではなく感性で、文脈の中に情報を込めると、それは秀れた文学となる。読む人がそれに触れて、内部から変われるような、情報を込めるとよいのである。するとそれは、読む人の深い心に触れる、自分の最も深いところに触れられたいという深い味わいがそこから生まれ出てくる。あなたは気の遠くなるほど長い道を、一生かけても到達できないほどの面白い道を歩き始めたばかりなのである。

あなたはあなた自身を表現するためにこの世に生まれてきた。人は「無限なるもの」のイメージを具体化したもの。

イメージすることは人間の第一の能力。

潜在意識に植え付けられたものはどんなものでも実現する。

あなたが今考えていることが将来のあなたの境遇や経験を作る。

「永遠」とは運命に大きく左右されない生命を意味する。

本当に生きている人間とは何か。架空の、観念上の、創造上の物語でなく、現実のただ一回限りの人間の物語。

ある一点で世界のあらゆる現象が、後にも先にもただ一回限りの姿で出会う。だからどんな人間の物語も不朽で重要で神々しい。

ヘルマンヘッセ

どんな人間の生活も自分自身へ行く道であり、道の試みであり、暗示である。自分はなんと非個性的に貧しい想像力と空想しか働かせずして、この話を聞いたり、読んだりしていたことか悟った。

なんだか心の中で、窓が一つさっと押し開かれたかのようだった。世界が新しい色彩で燃え上がった。様々な想念が無数のたくましい泉から僕の方へ湧き流された。すべては僕の考えている恋愛の味よりも、もっといやらしい、もっと俗っぽい味がした。しかし、ともかくもそれは現実であった。それは人生であり冒険であった。

精神面では誇り高くデミアンと思想をともにしていた僕だというのに、僕はそんな風だった。人間のくずで、酔っぱらいで薄暗く、いやらしく、下等であり、浅ましい欲望によろめかされる放等な人非人だったのだ。

ヘルマンヘッセ

ヘッセやジッドがその頃の私の師であった。私はノーベル賞作家の魂に触れながら、成長していったのだ。ジッドの田園交響曲や背徳者をどれほど私は愛したであろう。私がジッドを読んでいると言うと、私の理知的な兄は「それは危険だな。ジッドは読まない方がいいよ」と言った。

だがそれらの作家の書は、読む私の心を昂揚させ、生きる魂をゆさぶった。生の営みの重さや深さを心深く伝えた。


自由とは、これからどうなる、今から何をしたらよいかわからないという不安があり、未知数があって、それが魅力を感じさせるものである。よるべき基準や規範がなく、それを自分で作り出していくのが自由である。

まだ何をしたらよいかわからない。でも何かになろうとする熱い思いのマグマを心の中に感じている。自分というものがまだわからないが、思いがけない自分と出会う可能性をもった自分がここにいる。希望と同時に不安を持っている。それは実在の苦悩であり、不安である。


少年、青年期の気づくべきこと。

外なる時間と内なる時間がある。外に流れる時間はみな同じだが、内に流れる時間は一人ひとりみな違う。内に流れる時間とは、その人の内面的な心に起こる変化を刻む時間のことである。内面的な生活をしている人の内なる時間は密かに流れ、密度の濃い空間を作る。時間を密度の濃い空間に変える努力が大切である。

内なる時間は確たる空間を築く。時間が使い方によって密な空間を作る。

自分自身の空間があり、確たる量感があるくらしとはどんな生き方か。内なる時間があり、それを生かす生き方をすること。時間は空間という形で手に触れる量感のあるものに変換しうる。

渡辺昇一

幼少期に真っ直ぐ伸びようとする志を育てること。

真っ直ぐなものが見えない人は、どこかに成長が止まる気がする。止まるというより、上に伸びず、横に伸びてしまう。大木を見ればよい。

まず根を張るのに時がかかる。すぐに才を表さないということである。幹は真っ直ぐである。他の木の邪魔をすることなく、陽光の流れに沿って、ひたすら上昇を目指している。

人に仰がれる人物もおそらくそうであろう。

宮城谷昌光『太公望』

忍耐、試み、あくなき探求なくしては豊かな人生に至る知恵の扉を開くことはできない。

六、思考について

考えることは知的な作業である。だが、考えるだけではダメ。それを表現し、形に表すことが創造になる。創造とは、形にすること。

書くことは内なる自分を形に表すこと。自分をそのために磨くこと。毎日、考えついた何かを書き留めておくこと。それが文を書く時のデータになる。

今まで考えたこともなく、見たこともないものに出会って価値観がひっくり返る。そのことによって人は頭の中ですばらしい快感を得る。多くの人が見えざる存在や見えざる力について知りたいと思っている。潜在能力について知りたがっている。

教わるばかりで自分で思索しないと独創がない。

教育とは人類が進化してきた現在の水準まで他を引き上げる手伝いをすること。周りの人に学べ。自分の専門に閉じこもるな。

知的達成は、知識の探求に捧げられた深い思考の結果である。それは、粘り強い努力と非利己的で、純粋な思考の自然な結果にほかならない。精神的達成は熱望の果実である。その結果、人は崇高な人格を手にし、人々に大きな影響を及ぼす。

思考すること。思考とは何か。人間は本当に正しく生きているか。人は真実から離れた生き方をしてはいないだろうか。環境に順応し、考えることを忘れ、本当に考えることをしないでいるのではないか。人は体制の中で思考することに慣らされてしまう。順応してしまう。人は順応してしまいやすい動物である。人は考える動物であるという。だが事実は人は体制に流され、考えない生き物と言った方が正しい。

どんなに理想的なもの、理想的な状態を作り上げても、しばらくすると考えなくなる。順応してつまらなくなる。人は次第にものに感動しなくなる。周囲の環境に慣れることによって感受性を低下していく。生活に夢がなくなり惰性だけになる。絶えず思考し、向上の志を持ち続けること。

七、読書について

一つのテーマを持って読まなければ毎月一〇冊の書を読んでも糧にはならない。

秀れた書物には人を変える力がある。まさしく一つの神秘が含まれる。一人の人間が書く書き方、考え方に非常な魅力があり、ユニーク性があり、内面的に深みがある。大切なことはそれらを驚嘆することではなく、それらに自分の心を動かせることによって、自分を変容させ、自分に真の生き方をさせることだ。

ヘンリー・ミラー

それがいかに魅力に富んだ本であっても、その本のごくわずかな部分しか本当に新しいところはない。

大多数の書物が互いに重複しているのは避けられないことだ。スタイルにおいても内容においても独創性を印象づける書物は常に寥々たるものだ。

詩人の作品を読んでいくと、その作品のいちばんいいところばかりでなく、最も個性的なところでさえ、実はその詩人の祖先である過去の多くの詩人の不滅性が最も力強く現れているところだということに、気がつくであろう。
独創性とは、先人たちからの剽窃《ひょうせつ》である。

T・S・エリオット

盗作あるいは剽窃《ひょうせつ》といっても字面をそっくり盗むことではない。よい心を盗むのだ。

小説家は全知の人ではない。彼は必要な多くの知識を、他の人または書物から得るということは避けられないのである。作者は、彼が書くすべてを、己の頭の中で発明したような顔をしなければならぬというのは、きわめて近年に発生した観念である。昔の作者たちは、ほしいものは、たがいに取り合った。それどころか、恥ずかしくもなく、その箇所全体を引き写しにした。これは、今日のように、本を書くことが商業的企画である時代には、とがむべきであろうが、ただある作家が、他人の書物の中に発見した一挿語を使用したからといって騒ぎ立てるのはばかげている。それを有効に活用することによって彼は十分に自己のものとしたのである。

サマセット・モーム

私が平生言っていることは、みな者の聖人君子が行ったり、説いたことを元に、今の世に役立つように述べているだけで、私の創作ではない。

（昔、商の国の賢明な家老、老彭に比す。〔述而〕）

孔子

一人の人物の人生観を変えてしまうという読書があるものである。

自分の生き方を発見し、それをつかみ深めていくのに欠かせないのが読書である。単なる知識や情報の獲得のためだけではない。

読書の的確な方法とは、自分の境遇に率直に従った読書を心がけること。自分の中に知的、精神的欲求がなければ、いかなる名著も何も蓄積しないだろう。情熱的な少数の読者をつかんだ本が古典になる。古典には時間と空間の距離をものともしない特徴がある。

自分の古典を持つ人は、豊かな人生観を持っているものだ。それは、人間の器、深みを形成してくれる貴重なバイブルである。

本をたくさん読む人の話は聞いて面白い。一つの話をするにしても、語彙が豊富なばかりでなく比喩表現が巧みで、聞いて飽きない。想像力を刺激してくれる。

読書は物事について様々な角度から多彩な理解を試みる手助けをしてくれる。乱反射的な発想ができるようになる。

乱反射的な発想は仕事に直接役立つことはないかもしれないが、人間としての魅力や機知を磨く上で抜群の効力を発揮する。めぐりめぐって仕事の幅を広げてくれる。

第一級の書というのは魂に語りかけてくる言葉が多いほど、その本は魅力的である。

たくさんの本を読み、書くことによって、長い間に心に染みこんでいったことだけが、人の血となり肉になるのだと思う。

自分自身の生活の指針が読みとられ、読めば読むほど教えられる本。それがその人にとっての古典である。

読むべき最も優秀な一〇〇点の本よりも、おもしろくて意外性のある本の方がいい。

八、創作・文章について

創作衝動が起こると、人は創造的になる。読者は単なる暇つぶしと、もう一つ別の種類の読書がある。書こうとする人にとっては読書に新しい要素が加わってくる。批判的に読み、自分ならこう書こうと物足りなさを批判し始める。

優れた書物の創造には、まさしく一つの神秘が含まれている。――ヘンリー・ミラー

文体について、話術について、効果とそれを生み出す方法があるものである。

創作するという行為は、自分の生活様式を大きく変えてしまう何かを持っている。思考のあり方を変えさせる力を持っている。それは、他の人に見られない独自の創造世界を築かせようという方向に働く。

書くことは神から啓示された創造の偉大な音信を読み、それを書き写しているに過ぎない。価値、魅力、美しさ、英知に富む本というものは決して埋もれるものでない。

本を書き始めると読書の質が変わる。新しい要素が加わる。生命的要素が。

何が彼を特別な人間にしているのか。想像力の駆使によってではない。技巧の卓越によってでもない。作家というものの最も重要な事実は、我々すべてを包んでいる巨大な沈黙の世界を開発する能力にある。

ヘンリー・ミラー

人間の心の奥深く入り込んで、それを描けるのは言葉だけである。第三者に見られない独自の創造世界を考え続け、書こうとすること。

文学とは創造と思考の個性を発揮する表現芸術である。人が読み、感動し、共感し、くり返し読んで滋味を感じるような本というのはどのようなものか。いつもそれを考えながら書くこと。作家を特別な人にするのは何か。人間の隠れた真実を発掘する能力である。

美を感ずる心はあなたにあって実の対象にあるのではない。美は受け取り方によってちがいがある。どれだけしっかり見るか、しっかり感じるか。

ただ見るだけではダメ。見ても見ずに終わる。

創作において一番大切なことは、これまで誰もなしえなかった新しい世界を切り拓くことだ。未踏の高山に挑み、未知なる海を渡って、そこから流れが大きく変わってきたといわれるような個性的な作品を生み出すことだ。

最初は細部を後回しにして、決して後を振り返らず、がむしゃらに先へ先へと書き進めること。時には箇条書き程度でもよい。その代わり後で、何回も何回も書き直すことが必要である。

最低でも七回の書き直しが必要。書き直すことで心の中のイメージが濃く書き表されてくる。イメージは、言葉に置き換えると減衰することを知らなければならない。書き直しを重ねるごとに、彫刻の微細な面が出てくる。どうしようもないと思えた自分の作品にどんどん磨きがかかるのが分かる。欠点が減るだけでなく、全体の構成がしっかりたまっていく。それだけではない。当初思い描いていた漠然としたイメージが鮮明になってきて、自分の心の底でモヤモヤしていた情念の正体がはっきり見えてくる。

文章上達の秘訣は一つしかない。秘訣とは名文を読むことである。作文の極意は名文に接し名文に親しむこと。名文が我々に教えてくれるものは、第一に言葉使いである。我々はそれを意識の底に数多く収集しておき、時に応じて取り出しては自在にこれを用いることができるのである。先人の語らい、過去の言い回し、別の文脈の中でのレトリックは、我々の文章を織るための糸となる。

我々は全く新しい言葉を創造することはできない。可能なのは、ただ存来の言葉を組み合わせて新しい文章を書くことで、言葉使いを歴史から継承することは、文章を書くという行為の宿命である。

正しい文章の呼吸は、実物について直に学び取るしかない。この貴重なものを、思わず知らずの内に伝授してくれることは名文の功徳の第二である。

多数の名文を発見してそれに親しむこと。名文と称するものをくり返し熟読玩味して、心の底にくわえ、それによって文章の書き方を教わること。

ニーチェは「文筆家は外国語を学んではいけない。母国語の感覚が鈍化するから」と言った。

文章の形を学び、身につけその形に合わせて思うこと。

文章は言葉で書く個々の文を分析すれば、言葉という単位にたどり着く。それゆえ文章に優れた人は、みな語彙《ごい》が豊富で語感が鈍く、言葉に対する愛着が深い。

文体は幼い頃につきあった古典に由来する。読んだけれどみな忘れた。しかし忘れることによって、古典の文体はさながら地下水のように心の底を流れることができる。地下水は豊かに文体を養い、潤す。

文章の秘訣は孤立した語の選び方にあるのではなく、語と語の関係である。言葉と言葉の組み合わせ方が趣味がよく、気品が高ければ品格の高い優れた文章ができる。逆に組み合わせの趣味が悪く、品がなければ、高尚で上品な言葉ばかり雅語ずくめで書いてもあまりぞっとしない文章になる。文才とは言葉の取り合わせの才能にほかならない。

文体にとって大切なのは装うという心意気、次に大事なのは装う力である。新進の作家に文体が認めがたいのは、文章の気取り方が板についていないからである。文豪の文体が嘆賞に値するというのは彼の気取り方、装い方が途方もなく趣味がよいからである。

シェークスピアの本当の優れたレトリックは、作中人物が自分自身を劇的な光で見るという状況において現れている。

訓練カード

訓練カード①

立体イラストカード①

●二つの黒点がお互いに近づいて、真ん中で重なって、点が全部で三つに見えるようになったらイラストの中心に意識を集中させる。

（解答は P258）

視幅訓練カード―絵カード①

●視野を広げるためのカード。焦点を中心の黒丸に合わせたまま、周辺の絵を意識的に見るようにする。

訓練カード③

視幅訓練カード―絵カード②

●視野を広げるためのカード。焦点を中心の黒丸に合わせたまま、周辺の絵を意識的に見るようにする。

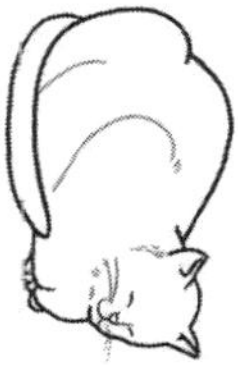

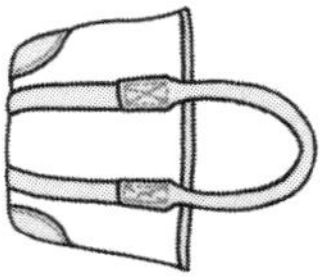

視幅訓練カード—単語カード

●視野を広げるためのカード。焦点を中心の黒丸に合わせたまま、周辺の文字を意識的に見るようにする。

にんじん　　いぬ

とけい

えんぴつ　●　つくえ

ひこうき

でんしゃ　　さかな

ねこ　　へそ

訓練カード⑤

視幅訓練カード―文字カード

●視野を広げるためのカード。焦点を中心の黒丸に合わせたまま、周辺の文字を意識的に見るようにする。

の　ず　ま

へ　け　え

む　ぬ　お

ど　て

ち　な　●　こ　せ

そ　ね

ば　た　ふ

に　う　み

つ　う　う

眼筋訓練カード① 上直筋、下直筋の訓練カード

●目の上下運動に必要な、上直筋と下直筋を鍛えるためのカード。上下に描かれた黒い丸を交互に見ていく。

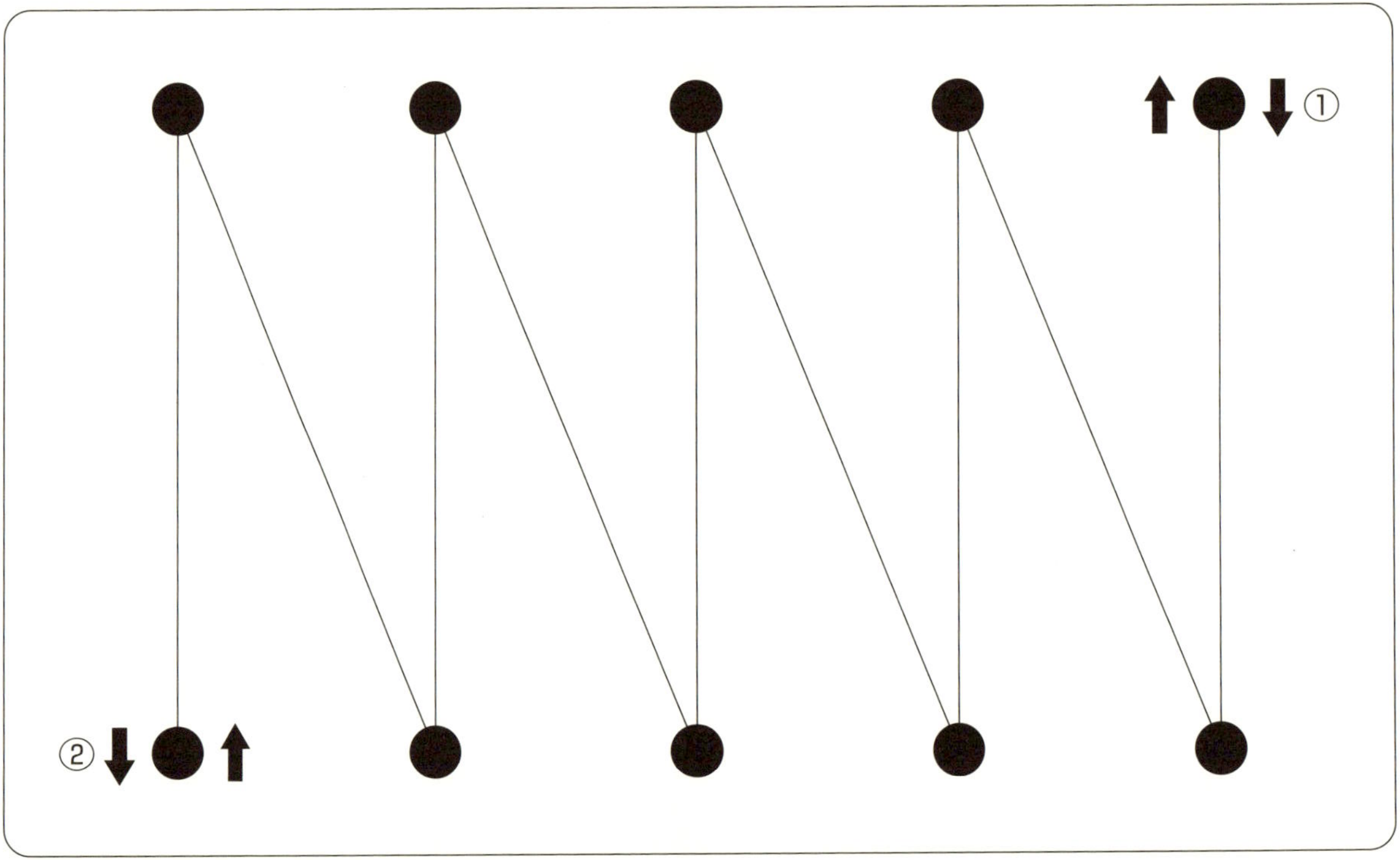

訓練カード⑦

眼筋訓練カード② 内直筋、外直筋の訓練カード

●目の左右運動に必要な、内直筋と外直筋を鍛えるためのカード。左右に描かれた黒い丸を交互に見ていく。

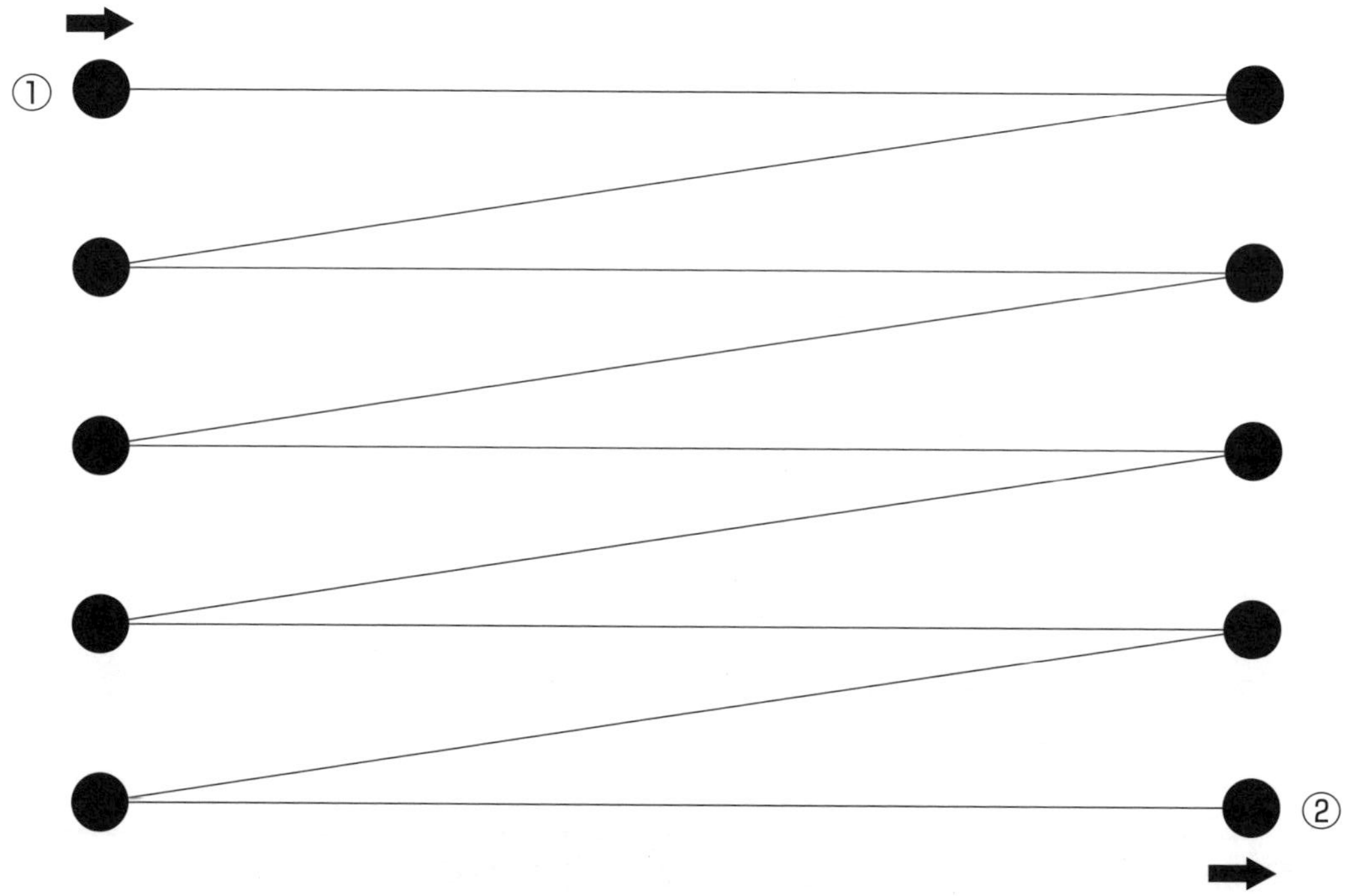

訓練カード⑧

眼筋訓練カード③ 上斜筋、下斜筋の訓練カード

●目の斜め運動に必要な、上斜筋と下斜筋を鍛えるためのカード。四隅に描かれた黒い丸を交互に見ていく。

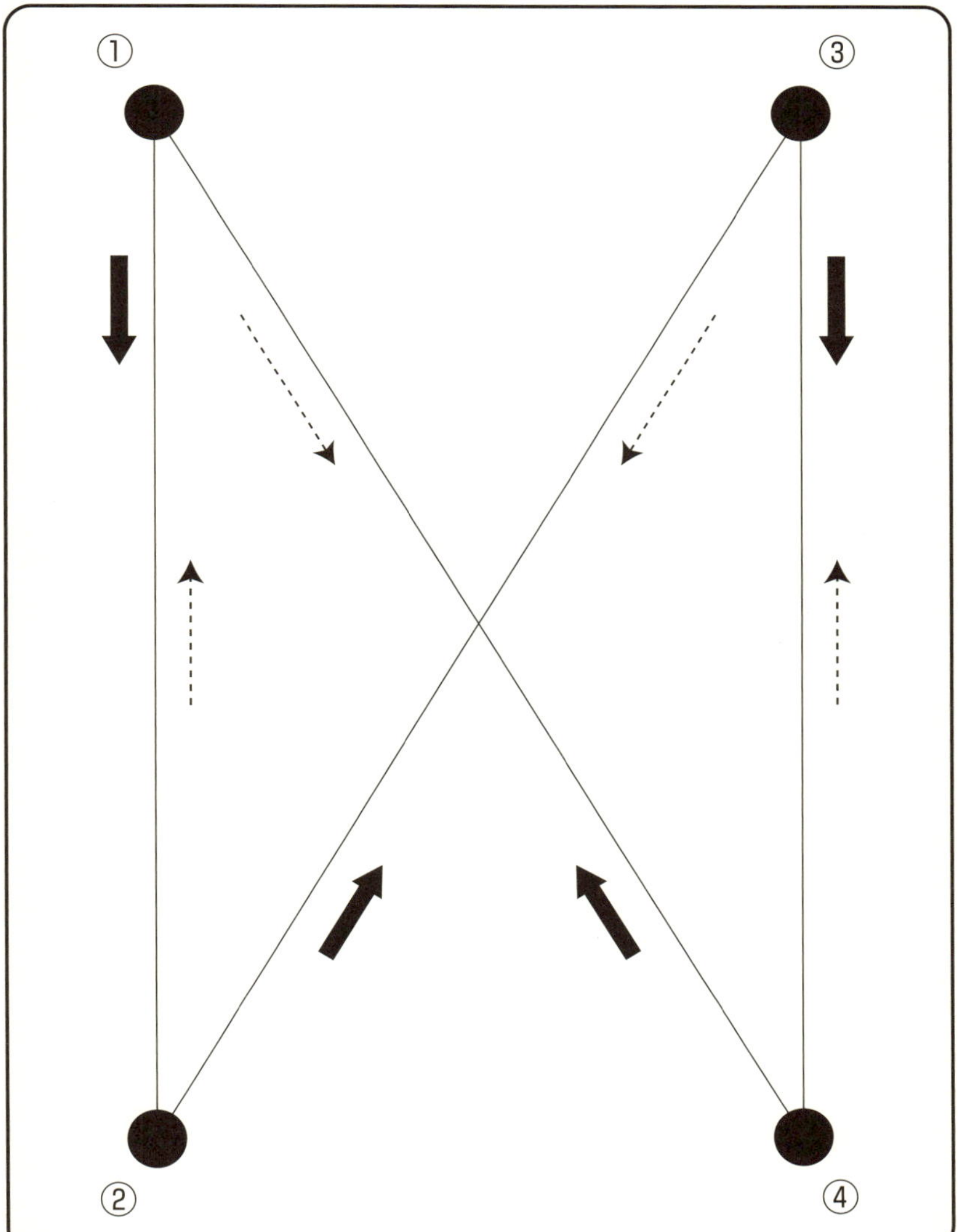

訓練カード⑨

天国につながる橋がある。この橋は虹でつく

られている。

橋を渡ると向こうに天国がある。橋のあたり

は、天国がもうすぐそこにあることをわから

訓練カード⑩

せてくれるほど、美しい場所だ。花が咲き、

緑にあふれ、心地よい風がいつも吹いている。

おいしい空気、おいしい水、そしておいしい

食べものも十分にある。

訓練カード⑪

天国につながる橋がある。この橋は虹でつくられている。橋を渡ると向こうに天国がある。橋のあたり

は、天国がもうすぐそこにあることをわからせてくれるほど、美しい場所だ。花が咲き、緑にあふれ、心地よい風がいつも

吹いている。おいしい空気、おいしい水、そしておいしい食べものも十分にある。

この橋のあたりでは、人は心ゆくまでベンチの上で本を読んだり、気持ちよさそうに寝そべったりしている。

訓練カード⑫

人は、ここで何をしているのだろうか。
そうなのだ。特別に大切な人たちを待っているのだ。

この世で最愛だったあの人を待っているのである。
ここでは、この世で傷ついたり、病んだりした体も、苦しみ悩んだ心もすっかりよくなって、元気を取り戻し、特別に大切な人が来るのを待っている。

特別に大切な人も、
ここにやって来ると、体も、心も、やっぱり元気になっている。

訓練カード⑬

天国につながる橋がある。この橋は虹でつくられている。

橋を渡ると向こうに天国がある。橋のあたりは、天国がもうすぐそこにあることをわからせてくれるほど、美しい場所だ。


花が咲き、緑にあふれ、心地よい風がいつも吹いている。

おいしい空気、おいしい水、そしておいしい食べものも十分にある。

この橋のあたりでは、人は心ゆくまでベンチの上で本を読んだり、気持ちよさそうに寝そべったりしている。

人は、ここで何をしているのだろうか。そうなのだ。特別に大切な人たちを待っているのだ。


この世で最愛だったあの人を待っているのである。

ここでは、この世で傷ついたり、病んだりした体も、苦しみ悩んだ心もすっかりよくなって、元気を取り戻し、特別に大切な人が来る

訓練カード⑭

のを待っている。
特別に大切な人も、
ここにやって来ると、体も、心も、やっぱり
元気になっている。
この世で誰にも愛されなかった人もいる。

しかし、そのような人も、この橋のふもとで
やっぱり誰にも愛されなかったけれど、本当
はこの世で出会い、愛し合い、大切にし合う
はずだった人と出会えるのだ。
あっ。来てくれた。二人には、すぐわかる。

二人は、お互いを、優しく、笑顔で見つめ合
い、ゆっくりと抱き合う。
二人は手を取り合い、ここで出会えた喜びを
かみしめながら橋を渡っていく。
決して、二度と離れることはない。そして、

橋の向こうの天国で大好きな家族や素敵な友
たちと再び出会い、永遠に、美しい魂を輝か
せつづける。
もちろん、そこには、愛する動物たちも共に、
美しく輝いていてくれる。

(訓練カード①の解答)

七田 眞（しちだ まこと）プロフィール

1929年生まれ。島根県出身。

教育学博士。しちだ･教育研究所会長。七田チャイルドアカデミー校長。

1997年には社会文化功労賞を受賞。世界学術文化審議会より国際学術グランプリを受賞。また国際学士院の世界知的財産登録協議会より、世界平和功労大騎士勲章を受章。2003年には東久邇宮記念賞を受賞。

現在、七田式教育を実践している教室は全国で約450を数え、アメリカ、韓国、台湾、シンガポール、マレーシアにも七田式教育論が広がっている。

著書は、『超右脳活用ノート』（PHP研究所）、『七田式右脳ビジネス・トレーニング』（講談社）、『七田式超右脳開発トレーニング〔CD付〕』（総合法令出版）など多数。


【七田式についてのお問い合わせ】

しちだ･教育研究所／右脳開発友の会（大人の右脳開発）
http://www.shichida.com/
〒695-0011　島根県江津市江津町527-5
FAX：（0855）52-5770

七田チャイルドアカデミー
http://www.shichida.ne.jp/
〒543-0053　大阪市天王寺区北河堀町3-15　S.C.A.本社ビル
TEL：（06）6776-4141
〒115-0044　東京都北区赤羽南1-9-11　赤羽南ビル8F
TEL：（03）5249-7700

視覚障害その他の理由で活字のままでこの本を利用出来ない人のために、営利を目的とする場合を除き「録音図書」「点字図書」「拡大図書」等の製作をすることを認めます。その際は著作権者、または、出版社までご連絡ください。

七田式成功脳をつくるスーパーリーディング

2006年10月10日　初版発行

著　者　**七田　眞**
発行者　**仁部　亨**
発行所　**総合法令出版株式会社**
〒107-0052　東京都港区赤坂1-9-15
日本自転車会館2号館7階
電話　03-3584-9821㈹
振替　00140-0-69059
印刷・製本　**中央精版印刷株式会社**

ISBN 4-89346-966-5